TDAH
UM ESTUDO SOBRE A MEDICALIZAÇÃO DA INFÂNCIA

Editora Appris Ltda.
1.ª Edição - Copyright© 2025 da autora
Direitos de Edição Reservados à Editora Appris Ltda.

Nenhuma parte desta obra poderá ser utilizada indevidamente, sem estar de acordo com a Lei nº 9.610/98. Se incorreções forem encontradas, serão de exclusiva responsabilidade de seus organizadores. Foi realizado o Depósito Legal na Fundação Biblioteca Nacional, de acordo com as Leis nos 10.994, de 14/12/2004, e 12.192, de 14/01/2010.

Catalogação na Fonte
Elaborado por: Dayanne Leal Souza
Bibliotecária CRB 9/2162

F383t 2025	Ferreira, Giuliana Sorbara TDAH: um estudo sobre a medicalização da infância / Giuliana Sorbara Ferreira. – 1. ed. – Curitiba: Appris, 2025. 173 p. ; 23 cm. – (Coleção Educação, Tecnologias e Transdisciplinaridades). Inclui referências. ISBN 978-65-250-7612-6 1. Transtorno do déficit de atenção com hiperatividade. 2. Educação. 3. Diagnóstico. 4. Medicalização. I. Ferreira, Giuliana Sorbara. II. Título. III. Série. CDD – 371

Livro de acordo com a normalização técnica da ABNT

Appris editorial

Editora e Livraria Appris Ltda.
Av. Manoel Ribas, 2265 – Mercês
Curitiba/PR – CEP: 80810-002
Tel. (41) 3156 - 4731
www.editoraappris.com.br

Printed in Brazil
Impresso no Brasil

Giuliana Sorbara Ferreira

TDAH
UM ESTUDO SOBRE A MEDICALIZAÇÃO DA INFÂNCIA

Appris editora

Curitiba, PR
2025

FICHA TÉCNICA

EDITORIAL	Augusto Coelho
	Sara C. de Andrade Coelho
COMITÊ EDITORIAL E CONSULTORIAS	Ana El Achkar (Universo/RJ)
	Andréa Barbosa Gouveia (UFPR)
	Antonio Evangelista de Souza Netto (PUC-SP)
	Belinda Cunha (UFPB)
	Délton Winter de Carvalho (FMP)
	Edson da Silva (UFVJM)
	Eliete Correia dos Santos (UEPB)
	Erineu Foerste (Ufes)
	Fabiano Santos (UERJ-IESP)
	Francinete Fernandes de Sousa (UEPB)
	Francisco Carlos Duarte (PUCPR)
	Francisco de Assis (Fiam-Faam-SP-Brasil)
	Gláucia Figueiredo (UNIPAMPA/ UDELAR)
	Jacques de Lima Ferreira (UNOESC)
	Jean Carlos Gonçalves (UFPR)
	José Wálter Nunes (UnB)
	Junia de Vilhena (PUC-RIO)
	Lucas Mesquita (UNILA)
	Márcia Gonçalves (Unitau)
	Maria Margarida de Andrade (Umack)
	Marilda A. Behrens (PUCPR)
	Marília Andrade Torales Campos (UFPR)
	Marli C. de Andrade
	Patrícia L. Torres (PUCPR)
	Paula Costa Mosca Macedo (UNIFESP)
	Ramon Blanco (UNILA)
	Roberta Ecleide Kelly (NEPE)
	Roque Ismael da Costa Güllich (UFFS)
	Sergio Gomes (UFRJ)
	Tiago Gagliano Pinto Alberto (PUCPR)
	Toni Reis (UP)
	Valdomiro de Oliveira (UFPR)
SUPERVISORA EDITORIAL	Renata C. Lopes
PRODUÇÃO EDITORIAL	Sabrina Costa da Silva
REVISÃO	Viviane Maria Maffessoni
DIAGRAMAÇÃO	Amélia Lopes
CAPA	Matheus Davi
REVISÃO DE PROVA	Raquel Fuchs

COMITÊ CIENTÍFICO DA COLEÇÃO EDUCAÇÃO, TECNOLOGIAS E TRANSDISCIPLINARIDADE

DIREÇÃO CIENTÍFICA	Dr.ª Marilda A. Behrens (PUCPR)
	Dr.ª Patrícia L. Torres (PUCPR)
CONSULTORES	Dr.ª Ademilde Silveira Sartori (Udesc)
	Dr. Ángel H. Facundo (Univ. Externado de Colômbia)
	Dr.ª Ariana Maria de Almeida Matos Cosme (Universidade do Porto/Portugal)
	Dr. Artieres Estevão Romeiro (Universidade Técnica Particular de Loja-Equador)
	Dr. Bento Duarte da Silva (Universidade do Minho/Portugal)
	Dr. Claudio Rama (Univ. de la Empresa-Uruguai)
	Dr.ª Cristiane de Oliveira Busato Smith (Arizona State University /EUA)
	Dr.ª Dulce Márcia Cruz (Ufsc)
	Dr.ª Edméa Santos (Uerj)
	Dr.ª Eliane Schlemmer (Unisinos)
	Dr.ª Ercilia Maria Angeli Teixeira de Paula (UEM)
	Dr.ª Evelise Maria Labatut Portilho (PUCPR)
	Dr.ª Evelyn de Almeida Orlando (PUCPR)
	Dr. Francisco Antonio Pereira Fialho (Ufsc)
	Dr.ª Fabiane Oliveira (PUCPR)
	Dr.ª Iara Cordeiro de Melo Franco (PUC Minas)
	Dr. João Augusto Mattar Neto (PUC-SP)
	Dr. José Manuel Moran Costas (Universidade Anhembi Morumbi)
	Dr.ª Lúcia Amante (Univ. Aberta-Portugal)
	Dr.ª Lucia Maria Martins Giraffa (PUCRS)
	Dr. Marco Antonio da Silva (Uerj)
	Dr.ª Maria Altina da Silva Ramos (Universidade do Minho-Portugal)
	Dr.ª Maria Joana Mader Joaquim (HC-UFPR)
	Dr. Reginaldo Rodrigues da Costa (PUCPR)
	Dr. Ricardo Antunes de Sá (UFPR)
	Dr.ª Romilda Teodora Ens (PUCPR)
	Dr. Rui Trindade (Univ. do Porto-Portugal)
	Dr.ª Sonia Ana Charchut Leszczynski (UTFPR)
	Dr.ª Vani Moreira Kenski (USP)

Ao escrevermos, como evitar que escrevamos sobre aquilo que não sabemos ou que sabemos mal? É necessariamente neste ponto que imaginamos ter algo a dizer. Só escrevemos na extremidade de nosso próprio saber, nesta ponta extrema que separa nosso saber e nossa ignorância e que transforma um no outro.

(Gilles Deleuze)

Para minha filha Luísa.

PREFÁCIO

O conhecido transtorno de déficit de atenção, mais tarde associado ao problema da hiperatividade, encerra uma história polêmica no âmbito das ciências. A obra de Giuliana Sorbara Ferreira tem o mérito de trazer ao público não especializado uma questão ainda escassamente debatida ou mesmo difundida em nosso país: como o diagnóstico do TDAH, fenômeno contemporâneo que goza do beneplácito do discurso sanitário como uma suposta "doença", induz à utilização massiva de uma substância farmacológica pertencente à família das anfetaminas, o cloridrato de metilfenidato, vulgarmente conhecida por *Ritalina*.

Inspirada por densas reflexões elaboradas no âmbito da Teoria Crítica germânica e também do chamado pós-estruturalismo francês, Ferreira busca situar o sujeito contemporâneo em meio às mutações culturais que conformam os novos dispositivos por meios dos quais o biopoder é exercido na atualidade. A medicalização da vida em todas os seus períodos, a começar pela mais tenra infância, decorre de tais mutações, em meio a um *ethos* que vem sendo velozmente reconfigurado sob o impacto das novas tecnologias digitais.

Ao lermos o trabalho de Ferreira, nos damos conta de que as duas instituições até então consideradas centrais nos processos de socialização – a família e a escola – passaram por significativas transformações nas últimas três décadas, de modo a conformar as novas gerações. Além do mais, os modos de exercício do poder no seio da sociedade são efetivados de modo verdadeiramente sintomático; e até mesmo a própria massificação hodierna figura como um de seus efeitos nocivos. Deste estado de coisas decorre que, sob uma aparente horizontalização presente nas relações sociais estruturadas via representação de papéis (pai-filho, professor-aluno), ocultam-se os laços de subserviência de todos à produção incessante de figuras imagéticas vicárias que, inflacionadas, são postas em circulação pelas tecnologias digitais.

Nas famílias e também nas instituições escolares, a autoridade vem se deslocando de suas tradicionais figuras-suporte para outras de natureza apócrifa e icônica. Os processos de socialização, desde muito cedo, estão a cargo de aparelhos inteligentes que aprendem como melhor programar as vidas de todos nós, de modo a induzir-nos a um estado de conexão on-line quase isento de trégua. Certamente, muitas das facilidades quanto ao manejo prático da vida quotidiana nos são proporcionadas pelos aparelhos tecnológicos. O que pouco se discute, entretanto, são as novas ordens de problemas que esses mesmos aparelhos nos proporcionam, indo além das soluções que são capazes de resolver. Daí o mérito desta obra: permitir-nos uma visão esclarecedora quanto ao *modus operandi* do poder na contemporaneidade e suas consequências nos âmbitos público, sanitário e educacional – consequências que nos afetam direta e profundamente e para as quais nós dispomos, quando muito, de pouquíssimas palavras para nos referirmos a elas.

Ao discutir o TDAH, Ferreira executa um duplo movimento: percorre, pela via da crítica, o trajeto que levou à construção do diagnóstico dessa suposta patologia orgânica no âmbito do discurso médico e, num segundo momento, expõe uma perspectiva sociocultural acerca desse mesmo fenômeno. Essa perspectiva aborda a saturação da percepção humana, ocasionada pelas torrentes de micro choques disparados cotidianamente pela artilharia digital, à qual as crianças estão expostas desde muito cedo.

O primeiro passo dessa intrigante e perspicaz coreografia é realizado pela autora na esteira da produção de Cecília Azevedo Lima Collares, em parceria com Maria Aparecida Affonso Moysés, que abordam o retorno às patologias no contexto do neoliberalismo, com o intuito de justificar a não aprendizagem escolar. A promulgação da chamada "Constituição Cidadã", em 1988, marcou um momento crucial de ruptura com a herança cultural anterior, consolidada no período da ditadura militar. Esse marco abriu caminho para a institucionalização de novos espaços democráticos e, consequentemente, para a conquista de novos direitos civis e sociais. Contudo, de lá para cá, tudo se passou como se o preço pago pelo Estado liberal brasileiro tivesse sido cobrado com juros e correções em termos econômicos: a conquista desses novos direitos impulsionou, concomitantemente, a produção de novos nichos de mercado. Na trilha desses nichos, surgiram novas concepções "medicalizantes" dos problemas vivenciados no âmbito educacional embora não exclusivamente, entraram em cena.

Luiz A. Calmon Nabuco Lastória
Doutor em Psicologia pela Universidade de São Paulo (USP-SP)

SUMÁRIO

INTRODUÇÃO 13

1
MUTAÇÕES CULTURAIS 19
   1.1 O sujeito contemporâneo imerso na sociedade do biopoder 27
   1.2 O TDAH como dispositivo 33
   1.3 O TDAH como enquadramento (pós) disciplinar 36

2
A CONSTRUÇÃO DIAGNÓSTICA DO TDAH 47
   2.1 TDAH: uma "patologia" em gestação 54
   2.2 A evolução do TDAH e sua socialização 65
   2.3 Metilfenidato: um ideal em expansão 77
   2.4 Patologização e medicalização da vida 86
   2.5 Políticas Educacionais e a medicalização da vida 93

3
DESCONSTRUINDO O TDAH 105
   3.1 TDAH e os choques imagéticos 115
   3.2 A construção do sujeito na cultura high tech 124

4
A PROCURA POR UM *LOCUS* DE RESISTÊNCIA 133
   4.1 Relações de interesse: a escola e as políticas públicas 142
   4.2 Novos desafios: a "cura" pela repetição 149

CONSIDERAÇÕES FINAIS 159

REFERÊNCIAS 165

INTRODUÇÃO

Vive-se, hoje, uma realidade constituída por novas contradições. A mais manifesta parece ser aquela que opõe, em lados opostos, a tradição e a inovação. Essa dicotomia, fruto de um grande número de fatores, estende-se praticamente a toda existência humana. O cenário sociocultural atual requer mudanças nos laços sociais, o que nos impõe a necessidade de uma reflexão acerca da constituição do sujeito e as novas formas de subjetivação. As constantes mudanças na realidade, sob o impacto das inovações tecnológicas, produzem novos modos de vida que, por sua vez, engendram a necessidade de o sujeito se adaptar a esses novos modos de existência. Como o sujeito se adapta a essa "nova" realidade e como tem se configurado sua subjetividade diante das transformações nos âmbitos social, familiar e pessoal são questões que se impõem na atualidade.

O Transtorno de Déficit de Atenção e Hiperatividade (TDAH) se mostra como uma dessas questões da contemporaneidade. O número de crianças diagnosticadas com TDAH no ensino regular é alarmante, e a obtenção do diagnóstico pode ocorrer de várias maneiras. A entrada da criança no ambiente escolar se constitui como um marco decisivo, que evidencia o aparecimento do diagnóstico da doença do "não-aprender". O transtorno de atenção associado à hiperatividade se configura como uma patologia da criança que precisa ser tratada e medicada, no intuito de promover alguma melhora no desempenho escolar ou em seu comportamento.

Nesse sentido, toda a ordem de problemas que solapa a educação se resume ao âmbito biológico, no qual somente a criança se torna responsável, e onde pouco se questiona sobre o processo de ensino-aprendizagem e sobre o ambiente educacional atual. Tampouco se fala sobre a formação oferecida aos docentes, que hoje se veem constrangidos por uma atmosfera cultural pouco reflexiva, na qual se prioriza a circulação e o consumo de materiais pedagógicos padronizados pelo mercado. Cabe mencionar que tal atmosfera recentemente teve acesso facilitado pelo uso das Tecnologias da Informação e Comunicação (TIC), em detrimento dos processos formativos presenciais.

Ao delegar à medicina a tarefa de normalizar e legislar sobre a vida humana, a sociedade legitima as condições históricas para a medicalização da vida, na qual estão inclusos os problemas do "não-aprender". No caso do tratamento para o TDAH, o fármaco empregado é o cloridrato de metilfenidato, também conhecido por nomes comerciais, sendo os mais comuns *Ritalina* e o *Concerta*, este último bastante sugestivo para uma suposta "doença da aprendizagem". Conforme o espírito de nossa época, os pais dão uma pílula à criança para "consertar" o que está com "defeito". Isso acontece com tamanha frequência que o Brasil se tornou o segundo maior consumidor desse medicamento, vulgarmente conhecido como a "droga da obediência". Vale ressaltar que, na posologia, o uso do medicamento está indicado para o "período escolar".

Por essa via, problemas pedagógicos e políticos são transformados em questões da medicina. Assim, valida-se cada vez mais o discurso médico-psicológico, ao qual – atuando em consonância – a pedagogia e a psicopedagogia em voga não deixam de prestar a devida manutenção. Trata-se do biopoder e da biopolítica regulando os sujeitos por meio de inúmeras técnicas e do dispositivo do diagnóstico, para obter a subjugação dos corpos e o controle das populações.

Os processos de semiformação (*Halbbildung*), tal como definidos por Adorno e Horkheimer (1985), auxiliam na compreensão de tais questões e remetem à determinação social da formação dos indivíduos na sociedade contemporânea capitalista. Esses processos devem ser analisados considerando as consequências geradas pelo modo de reprodução material da sociedade, sobretudo a reificação – ou seja, a mediação social responsável por inverter a posição do sujeito face ao objeto. Na *Dialética do Esclarecimento* (1985), encontram-se as primeiras referências à semiformação, ou "semicultura", em seu sentido formativo. Segundo Adorno e Horkheimer (1985), para o homem semiformado, todas as palavras se convertem num sistema alucinatório, de modo que o que lhe cabe é ser sujeito da reprodução de um mundo em que sua condição é de total assujeitamento.

Nessa perspectiva, a Teoria Crítica da Sociedade evidencia o poder exercido sobre as massas, cuja contraface é o assujeitamento das pessoas envolvidas por um sistema alienante que medeia sua relação com o mundo social. Quando transposta ao campo dos processos de formação docente, essa perspectiva teórica pode auxiliar no desvendamento das características sócio-históricas em que se processa a educação atual, sobretudo no que tange às condições de emergência e proliferação do diagnóstico do TDAH.

Pode-se dizer que, por essa via, a educação revela sua importância no enquadramento disciplinar do corpo em escala de massa inserida pela ordem médica, um fator fundamental para a transformação social desejada e legitimada pelas políticas educacionais. Adorno chamou de processo de semiformação tudo que fica aprisionado nas malhas da socialização e da lógica do mercado. Sobretudo as camadas desprivilegiadas, antes mesmo de terem podido se formar, tornam-se presas das consequências mediadas por uma ideologia onde a semiformação se deixa edulcorar como substituta da cultura propriamente dita.

Atualizando e reafirmando as reflexões de Adorno e Horkheimer (1985), Türcke (2010a) indaga sobre os choques imagéticos, uma questão que auxilia na problematização do diagnóstico de TDAH, o qual atinge gerações movidas por psicoestimulantes. Türcke (2010a) afirma que os microchoques emanados por uma cultura hiperinflacionada de imagens exercem uma fascinação estética que penetra em toda a vida cotidiana, estabelecendo um espaço mental em regime de atenção excessiva. Logo, tal como se verifica na atualidade, pode-se dizer que os choques imagéticos levaram esse regime de atenção total à sua própria disfunção. Desse modo, o déficit de atenção é um dos sintomas manifestos da sociedade hodierna. Por isso, é tão mais simples para as crianças chamadas de hiperativas permanecerem concentradas diante de computadores, jogos virtuais (games), televisores 3D, entre outros, pois esses aparelhos proporcionam prazer ao oferecerem, ininterruptamente, choques imagéticos.

De tal modo, a constituição do sujeito sustentada pelo choque de imagens em sua excessiva repetição orienta novos padrões de socialização, que vão se sedimentando no que se pode denominar de uma mutação subjetiva ligada às imagens. Nesse contexto, o TDAH atua como índice sintomático dos padrões próprios ao regime de percepção engendrado por uma cultura multimidiática, prisioneira das malhas da semiformação generalizada, fornecendo combustível para a indústria médico-farmacêutica.

Nesse sentido, o primeiro capítulo aborda as mutações culturais nos planos econômico, social e político, geradas pelo neoliberalismo, que se desenvolveu fazendo das relações sociais fetichistas o código de comunicação e ao fazer do motivo de lucro a essência do homem "empreendedor". Trata-se de uma sociedade da "insatisfação administrada", que se alimenta dessa fragilidade para sustentar ideologias que prescindem de conteúdos normativos privilegiados. Uma das ilusões em questão incide sobre o termo "consumo", que ofusca e faz supor que haveria um sujeito consumidor e um objeto a ser consumido. Logo, a dialética do desejo e da falta parece aqui soçobrar, pois deveria permitir ao sujeito se deparar com a falta, que é a verdadeira mola propulsora do desejo. O que passa a vigorar, todavia, é a necessidade intrínseca de tamponar a falta e instaurar um novo objeto a ser consumido: um novo falo imaginário que irá obstar o acesso ao vazio.

Nesse contexto, desde a primeira versão do *Manual Diagnóstico e Estatístico de Transtornos Mentais* (DSM), a indústria investe cada vez mais recursos na propagação de novos diagnósticos relativos às supostas novas patologias. Melhor dizendo: investe-se na instalação de comportamentos habituais que passam a ser vistos como "patológicos". Por essa via, investiu-se grande parcela de recursos no marketing de novas drogas destinadas a certos comportamentos, agora transformados em doenças. Logo, a relação estabelecida entre a criança com TDAH e o universo escolar foi amparada pela própria descrição do transtorno, acompanhada do tratamento medicamentoso, ofertado especialmente no chamado período de escolarização.

No segundo capítulo, busca-se compreender como se construiu a partir da história médica, o diagnóstico do TDAH. Os novos diagnósticos psiquiátricos, definidos pelo *DSM-5*, lançado em 2013, abrem um leque de possibilidades para a definição de doenças mentais, tendo em vista o potencial acolhimento de todos. Afinal, na medida em que para tudo e para todos há uma droga ofertada pelo mercado, o campo da psiquiatria se expande continuamente. Essa tendência pode ser observada na história médica do TDAH. Já na década de 1940, essa patologia surgiu com a denominação "Lesão Cerebral Mínima" e, nos anos 1960, foi modificada para "Disfunção Cerebral Mínima". O TDAH foi, então, constituído na economia biomédica da atenção, característica das últimas décadas do século XX. O principal e pioneiro medicamento utilizado para o tratamento do TDAH é o cloridrato de metilfenidato, mencionado anteriormente, que, análogo à anfetamina e à cocaína, aumenta a concentração extracelular de dopamina e noradrenalina no cérebro, o que pode levar a um aumento da concentração e à melhora do desempenho intelectual. O metilfenidato pertence à família das anfetaminas e obedece ao mesmo mecanismo de qualquer estimulante, aumentando a concentração de dopamina nas sinapses. A criança "sossega", para de questionar e tem o comportamento denominado *zombie like*, com um comportamento induzido quimicamente, sem afetos, sem interesses ou curiosidades normais, entre muitas outras características que acabam por definir a criança medicalizada. Por essa via, questões e problemas pedagógicos, políticos e sociais transformam-se em questões biológicas e médicas.

O terceiro capítulo se dedica à desconstrução do TDAH como uma patologia orgânica e à reflexão do TDAH como uma "doença" que se contrai na escola. Em outras palavras, a escola, compreendida como a primeira instituição em que a criança convive depois da família, seria o lócus onde suas dificuldades irão aparecer. O que ocorre nessas instituições, entretanto, é um efeito de naturalização. Tudo se passa como se o que acontecesse com a criança fosse decorrente da própria natureza das coisas e não da história. Ou seja, a criança estaria doente apenas porque possui um déficit biológico. Esse processo de naturalização e também de normatização tende a aprisionar qualquer diferença num sistema negativo e comparativo. A via da patologização da vida, iniciada na maioria das vezes na ambiência escolar, tem tornado crianças vítimas de uma medicalização excessiva, cujas consequências afetarão as futuras gerações movidas por psicoestimulantes.

Ao relacionar o TDAH com os choques imagéticos, tem-se uma nova visão acerca do indivíduo e de sua relação com a sociedade. O choque de imagens conecta-se à vida, tornando-se um ponto focal de um regime de atenção global de excessiva duração. Assim, pode-se perguntar como se dará a constituição psíquica dos sujeitos sustentada por imagens ou, mais especificamente, por choques imagéticos? Dessa forma, novos padrões de socialização irão se sedimentar no que se pode denominar de uma mutação subjetiva ligada às imagens.

Por fim, o quarto capítulo reflete a educação frente às políticas públicas que dizem respeito à educação escolar. Propõe-se, com base no filósofo alemão C. Türcke, pensar a "cura" para tantos problemas advindos da escola, a partir de um reenquadramento do ensino e das práticas atuais, bem como de alguns movimentos de resistência a tal problemática. Lembrando que não se trata de um retrocesso aos velhos paradigmas educacionais, mas de um retorno às práticas em que o professor ocupa o centro do processo educativo. O antídoto passa por uma visão pedagógica relativa ao desenvolvimento do intelecto, à disciplina como parte fundamental para o sucesso educacional e à memorização de conteúdos como forma de apropriação dos conhecimentos essenciais, entre outros. Afinal, se uma criança não pode aprender da maneira que se encontra o ensino atual, é preciso ensinar de uma maneira que ela consiga aprender.

1

MUTAÇÕES CULTURAIS

O mundo passa por uma nova configuração, caracterizada por constantes mutações, onde existem crises de todas as ordens, nas instituições, na política e também na cultura; crises das normas morais e éticas, da sensibilidade e das mentalidades. Essa mutação é fruto de dois fenômenos incontornáveis: a internacionalização do capital e a revolução tecno científica, cujos efeitos ainda estão sendo vivenciados e avaliados diariamente. Muitos autores nomeiam esse processo de "neoliberalismo".

O neoliberalismo pode, então, ser visto como máxima da representação ideológica do capitalismo, revestido de expressões como livre mercado, criação do bem-estar social e princípio de respeito à propriedade privada. Ele não se reduz a uma visão privatizante, estatal ou de abertura total de empresas privadas; antes, o neoliberalismo se apresenta como uma visão de mundo, uma concepção sobre a sociedade e o indivíduo, ou seja, uma ideologia sobre a vida e a sociedade[1].

A superioridade alcançada pelo neoliberalismo revelou a sua verdadeira face por meio da hegemonia de uma classe que só fez aumentar o abismo econômico entre a minoria privilegiada e a maioria desfavorecida. Tal fato fica evidente quando o neoliberalismo transfere a educação da esfera política para o âmbito do mercado, acompanhado pelo modelo do homem consumidor e do cidadão privatizado. A educação passa a ser vista então como um bem de consumo, moldado conforme os interesses do capital em busca de sua perpetuação.

---

[1] Segundo a ideologia neoliberal, as economias de planejamento central do tipo socialistas estão fadadas ao fracasso. As economias planificadas são as oriundas da aplicação da doutrina socialista, e que funcionavam com base em uma burocracia central estabelecendo os níveis de produção dos bens e serviços. Em uma economia neoliberal, os agentes econômicos - produtores e consumidores - são livres para produzir e consumir, assim como para especificar os preços, dentro de um contexto de competição de mercado, tendo em vista que em economias neoliberais não existem entraves à entrada de novos atores no mercado. Sendo assim, o funcionamento básico de uma economia neoliberal é baseada no sistema de mercado, onde os produtores de bens e serviços procuram ajustar os seus custos de produção com base no preço de venda dos bens - definidos no mercado por meio do funcionamento da lei da oferta e da procura. O estado neoliberal tem atuação decisiva na economia. Um exemplo de instituição neoliberal no Brasil são as Agências Reguladoras, como a Anvisa (Agência Nacional de Vigilância Sanitária) que regula o comercio de medicamentos no Brasil.

Wood (1995), ao descrever o movimento histórico e social desde a Primeira Guerra Mundial até o século XXI, mostra como a civilização foi movida ideologicamente pela classe dominante por meio de noções como racionalização, burocracia e tecnologia moderna. Com essas ferramentas, não se promoveu o esperado aumento da liberdade humana, pelo contrário, registrou-se uma nova condição de alienação dos seres humanos, que Wood denominou "Robôs Felizes". Desta forma, passamos ao neoliberalismo sem conhecer nenhuma mudança substancial:

> Embora muita história tenha passado entre os marcosiniciais dessa época e os eventos mais recentes, o que surpreende no diagnóstico presente da pós-modernidade é que tenha tanto em comum com atestados de óbito passados, nas suas versões progressistas ou reacionárias. Aparentemente, o que terminou não foi uma época diversa ou diferente, mas a mesma época, outra vez (Wood, 1995, p. 120).

Com relação à educação, a ideologia neoliberal se mantém favorecendo o mercado, fato que a torna uma mercadoria consumível e que se autoalimenta. Pode-se, então, dizer que a sociedade neoliberal evolui espontaneamente segundo a lógica do capital, tornando as relações sociais fetichizadas, nas quais o código de comunicação é a mais-valia, vista como a essência do homem empreendedor. Por isso, tal sociedade se intitula como um sistema inclusivo, posto que todos são bem-vindos à lógica do mercado.

O grande problema que se apresenta nesse mundo em mutação, regido pela ciência-poder, é a incerteza sobre onde se está e para onde levará o movimento vertiginoso entre a revolução técnica e o entendimento. Vivencia-se um processo de desagregação das antigas formas de vida, que culmina em uma crise de legitimidade. O império da técnica no mundo em mutação não é um acidente da civilização, mas a própria essência desse mundo neoliberal.

> Algo do mesmo gênero ocorreria também no plano da história pessoal: a existência seria um processo de transformação no qual o sujeito estaria sempre se tornando outro, sem nunca atingir a identidade estável de si mesmo (Silva, 2008, p. 149).

Isso toma outra proporção pela forte aceleração do tempo histórico, fenômeno em que a experiência desse processo é marcada mais pelas rupturas do que pela continuidade. O que conduz a um fluxo de mutações de modo ainda mais rápido do que o ritmo de nossa experiência da temporalidade é a banalização do tempo enquanto história. Por não apreender inteiramente o significado dessa velocidade do devir histórico, o sujeito resigna-se ao tomar tal fluxo acelerado como um fim em si mesmo, o que leva ao empobrecimento existencial e histórico e, por consequência, na banalização de sua própria experiência.

Para Silva (2008), a tendência é que os órgãos humanos sejam substituídos progressivamente por órgãos artificiais, na era das chamadas próteses informacionais e do sujeito das próteses digitais. Trata-se de um sujeito que já não se reconhece como tal, a não ser pelas vias da ciência, que se esforça para tornar tudo artificial, inclusive a própria vida.

O homem, nesta era, é um ser de inúmeras informações que se comunica a partir de códigos digitais mediante os avanços da biotecnologia e da neurociência. O símbolo do pós-humano é o *cyborg,* a mistura de um organismo com próteses cibernéticas. É uma projeção do homem com rendimento muito superior ao de um humano sob muitos aspectos e sob o peso do funcionamento das próteses digitais. O pós-humano é uma expressão-tampão para a falta de léxico para descrevermos a própria experiência de não saber para onde se está indo, nem o que se é. Trata-se de uma ficção, de uma transcendência (Silva, 2008).

Nesse sentido, aparência, simulacro, virtualidade e imagens passam a desempenhar importância fundamental na vida social e no imaginário das pessoas. Isso ocorre à medida que se acelera e se generaliza o processo de racionalização das organizações, atividades, relações e estruturas sociais, baseadas na técnica, na eletrônica, na robótica e nas tecnologias da informação e comunicação (TIC). O cidadão aparece como multidão/mutilado, sem espaço para singularidade no ciberespaço.

Dada essa situação de crise de legitimidade do sujeito posta pelo neoliberalismo, em que os vínculos sociais estão fragilizados – por mais que se mostre o contrário –, o antigo esquema de repressão e afirmação de identidades fixas se tornou insustentável. A fim de manter o status quo da sociedade capitalista, os processos de socialização também tiveram que sofrer alterações. Agora, o tempo eletrônico das imagens comanda a vida, acelerando e diversificando intercâmbios e comércios, trocas e negócios que hoje já estão empobrecidos. Assistimos ao surgimento de um mundo sistematizado, tecnificado e ultra pragmático, que impõe os princípios de quantificação e eficiência a todas as atividades, produções culturais, modos de vida e cosmovisão.

Tal situação, caracterizada como um tempo de mudanças da era digital, resultou da revolução tecnológica e informacional própria do neoliberalismo. Ela tem transformado nosso modo de pensar, comunicar, viver, produzir e consumir, atingindo simultaneamente diferentes pessoas em diferentes espaços e constituindo uma economia global e planetária. Trata-se de uma cultura de "virtualidade real", que integra diversas partes do globo em um universo eletrônico. O novo imperativo se resume em apenas um: "goze!". Note-se que esse imperativo, como já observara J. Lacan, é absolutamente vazio, pois não indica nada mais do que a busca incessante pela satisfação imediata, que, atualmente, é amplamente mediada pela mídia.

A internacionalização do capital em seu estágio hodierno – juntamente com suas relações, processos e estruturas – repercute na a realidade, conferindo-lhe novos significados. Esse mundo "globalizado" de coisas, pessoas, ideias, realizações, novas possibilidades e ilusões vêm provocando formas de rupturas, fragmentações, novas contradições e desencontros em âmbito nacional e mundial. Essas dinâmicas envolvem relações, processos e estruturas sociais, econômicas, políticas e culturais de grande alcance. Nesse sentido,

> Só assumimos a posição de sujeitos históricos quando agimos politicamente, e isso se aplica tanto à ação transformadora quanto à ação conservadora do presente. Quando a desintegração ideológica e o desparecimento do cenário público tornam impossível a ação política, os acontecimentos que traduzem as mudanças na esfera social ocorrem sem referência a agentes históricos produtores de significação (Silva, 2008, p. 158).

Com seu desenvolvimento acelerado, esse tempo – essencialmente cibernético, informático e informacional – coloca a informação no centro da ciência, concebendo como conhecimento o modo de organizá-la, guardá-la e distribuí-la. A ciência, agora, é quantificada em bits de informação, e apenas aquilo que passa por esse crivo epistemológico é considerado conhecimento científico. É a "lógica da corrida" que, a partir do advento da revolução tecnológica, guarda na velocidade o valor máximo, assim como, até um passado recente, ocorria com o dinheiro no capitalismo. Contudo, a lógica do capital prevalece sobre as ideias e os homens. As pessoas já não se prendem às instituições; ao contrário, desacreditam delas e em seus valores, visto que se mostram falidas. Família e religião são relegadas ao segundo plano, condutas que instauram algo próximo a um narcisismo coletivo.

O sujeito psicológico tem alguma consciência do vazio existencial que o constitui. Mesmo assim, age em busca do sucesso, base do cinismo. Se a sensação de aceleração causa ansiedade, a certeza do vazio conduz ao tédio. O cinismo é uma forma de defesa perante o sentimento de culpa ou de remorso. O tédio, por sua vez, é também um efeito do próprio cinismo, em oposição à clássica neurose do superego repressor. Freud (1996), ao supor a neurose como mal-estar na civilização, apontou para a repressão como sua causa. Hoje, esse mal-estar se expressa no tédio narcísico e na depressão; ambos causados pela aceleração violenta em direção ao nada, cujo imperativo é o gozar aqui e agora. Gozo entendido aqui como conceito-chave para compreender a economia libidinal própria à sociedade neoliberal (Safatle, 2008).

A existência seria um processo de transformação no qual o sujeito estaria sempre se tornando outro, sem nunca atingir alguma identidade estável de si mesmo. Segundo Silva (2008, p. 159), "é preciso voltar ao aparente paradoxo: como as pessoas podem ser tão alheias às mudanças e ao mesmo tempo ter toda sua vida pautada por elas?". Pode-se pensar então, em mutações culturais como também subjetivas.

A realidade, vista como processo lógico e histórico, se reduz a um meio de constituir a própria realidade; daí a banalização de toda e qualquer experiência possível no tempo histórico. O sujeito, se encontra assim, destituído de sua posição. Trata-se da dissolução do sujeito na objetividade que ele próprio constitui e deveria dominar. Sua impotência conduz à conclusão possível de que o homem apenas viveu a história que lhe foi possível e nela submergiu, colocando sua subjetividade em questão. Assim, se o sujeito moderno foi aquele que se dispôs a mudar o mundo, foram essas mudanças que o levaram ao que assistimos hoje como sendo as condições de sua própria destituição. O que se trata de explicar resume-se ao seguinte paradoxo: nunca vivemos tantas mudanças e nunca fomos tão incapazes de barrar tal processo, pois o sujeito não se vê como agente deste.

Trata-se agora de uma sociedade da "insatisfação administrada", que consegue se alimentar de sua fragilidade constitutiva e assim sustentar ideologias que prescindem de conteúdos normativos privilegiados. Isso se dá através de múltiplas retóricas do consumo que requerem identificações irônicas, nas quais os sujeitos sentem que "precisam" aderir aos padrões de conduta veiculados pelas campanhas publicitárias. Cinismo é o nome da posição subjetiva que permite reconhecer o caráter descartável ou contingente de certos valores e identificações e ainda assim sustentá-los. Ele nega aquilo ao qual se vincula e por isso nada consegue mudar (Safatle, 2008).

Cada descoberta científica testemunha o progresso irrefreável, principalmente aquelas inovações que passam a compor nossa vida diariamente. O novo não nos afeta mais como surpresa, ao contrário, entedia-nos como continuidade rotineira de um processo com o qual já nos acostumamos e que, a cada passo, nos dá a sensação de que nada de realmente novo se apresenta. Isso significa que o progresso deixou de ser uma expectativa para tornar-se um hábito; assim, tudo muda para continuar o mesmo. O progresso é entendido, neste contexto, como uma força sempre presente, mas cujo sentido já não se sabe mais decifrar com rigor, na qual o regresso se faz presente pela banalização e aceleração da vida.

As mutações que definem a história e o próprio progresso se apresentam como quantidade, como medida. Tem-se sempre um número maior, menor ou relativo de maneiras de viver uma quantidade de bens que podemos desfrutar. Contudo, o prejuízo da qualidade de nossa existência está relacionado à acumulação quantitativa de tais mudanças. Daí decorre também o vazio político, que se configura com a experiência da inocuidade de decidir e pela impossibilidade de mudança. Assim, o mundo contemporâneo estaria politicamente constituído de tal forma que os indivíduos absorvem, como único modo de vida possível, a recusa à vida pública:

> O desaparecimento do espaço comunitário e da intersubjetividade política configura o vazio que nos separa do valor que poderia conferir base sólida a dignidade humana. Trata-se de uma mutação que, vivida como ruptura, impede que a memória histórica venha em auxílio de uma possível recuperação da integridade da experiência (Silva, 2008, p. 157).

Nesse sentido, tudo se passa como outrora: apenas assumimos a posição de sujeitos, autores de nossas histórias, quando agimos politicamente. Mas, quando a desintegração ideológica e o desaparecimento do cenário público tornam impossível a ação política, os acontecimentos que traduzem as mudanças na esfera social ocorrem sem referência a agentes históricos produtores de significação. É o que designamos como falência da participação política; razão pela qual está em questão a própria política e a existência da democracia.

A alienação seria uma resposta incompleta e sempre parcial a tal processo. O que é preciso entender é: como se pode participar das mudanças, vivê-las com intensidade e radicalidade e, ao mesmo tempo, ignorar totalmente o que elas significam? Essa contradição parece ser o elemento principal da contemporaneidade. Vive-se a experiência dos fatos sem, contudo, experimentar sua significação. Isso ocorre pela simples razão de que o sujeito doador de significado está, agora, obnubilado pelo sujeito meramente operante. Dessa maneira, produz-se uma experiência mutilada em meio às mutações. Além disso, a extrema diversidade pode, a partir de então, resultar na mais completa homogeneidade, deixando o sujeito alheio aos significados das próprias mutações.

A contingência possibilita um equilíbrio instável entre as dimensões subjetiva e objetiva da existência histórica. As intenções do sujeito, na história, não correspondem aos resultados originalmente visados, porque esse sujeito nunca tem o domínio da situação em que age. Assim, para que a vida histórica reflita essa instabilidade constitutiva, o sujeito deve exercer uma liberdade deficitária, permeada por determinações de todo o tipo e pressões em vários níveis. Tudo indica que o sujeito contemporâneo, de um modo geral, não esteja podendo arcar com essa dificuldade e, assim, tente agir a partir de um equilíbrio mais estável em sua existência histórica, por meio da rendição de sua liberdade às determinações em prol do agora e do imperativo de "gozar". Isso significa, no limite, a submissão cega à dimensão objetiva e ao ritmo exterior das mutações.

> O mesmo espírito levou Adorno a insistir que a teoria da ideologia deveria necessariamente submeter-se a uma análise das disposições subjetivas. [...] Pode parecer que fazer afirmações dessa natureza implica tentar submeter o quadro compreensível das estruturas de interação social, com suas exigências de legitimidade e aspirações de validade, a um cálculo de interesse baseado na lógica utilitarista da maximização do prazer e do afastamento do desprazer. [...] Nesse contexto, "gozo" não significa usufruto dos bens dos quais sou proprietário, mas algo

> totalmente contrário, uma perspectiva de satisfação que não leva mais em conta os sistemas de defesa e controle do Eu, perspectiva que flerta continuamente com experiências disruptivas ou ao menos com a "retórica" da transgressão [...] (Safatle, 2008, p. 114-115).

Essa simplificação da experiência é, ao mesmo tempo, a sua banalização. Desse modo, pode-se dizer que a banalização da experiência consiste na aceitação de uma vida quase unidimensional, em que as solicitações do mundo objetivo atravessam a subjetividade sem encontrar a opacidade de uma liberdade, por meio da qual o indivíduo poderia opor-se à realidade dada, por meio da projeção de outras possibilidades. Isto é, outra experiência existencial e histórica, em que o tempo também fosse vivido na dimensão da singularidade subjetiva – e não apenas na esfera da homogeneidade objetiva em que o sujeito atual se encontra.

Trata-se de um paradoxo extremamente revelador para um diagnóstico da contemporaneidade: a experiência banalizada é aquela que se caracteriza pela renúncia do sujeito de participar ativamente das transformações da história e dos fluxos mais íntimos de sua própria temporalidade. Uma experiência em meio a um mundo em mutação, que se dissolve no frenesi alienante de vivências absolutamente externas e completamente impessoais próprias à rotina das transformações, com as quais o indivíduo convive ao modo de um consumo indiferente.

Grande parte dessa sensação de impotência diante do desdobramento, aparentemente incontrolável, da técnica vem do fato de que a extrema fragmentação do saber nos impede de aceder a uma visão clara do processo como um todo. O progresso da ciência só se tornou possível graças à divisão intelectual do trabalho, a mesma que bloqueou a possibilidade de generalização, sem a qual não se consegue dar sentido nem direção ao desenvolvimento científico e tecnológico, a exceção do capital. A mutação com a qual estamos lidando requer, portanto, um saber que se recusa às fronteiras que inibem o conhecimento do real, tal como as fronteiras internas se instituíram no campo da ciência, em que mutação e utopia remete, de imediato, às perspectivas criadas pela revolução tecno científica e biotecnológica ou, mais precisamente, ao futuro pensado pelo que se convencionou chamar de advento do pós-humanismo, triunfo da inteligência artificial superior à inteligência biológica, onde milhões de nano robôs circularão por todo o corpo humano, no sangue, nos órgãos, no cérebro para corrigir erros do DNA, a vida poderá ser prolongada ao infinito e seria anunciada, então, "a morte da morte" e isso, graças às promessas das biotecnologias e da nano medicina (Silva, 2008).

Por fim, as sociedades contemporâneas não vivem mais sob o imperativo da produção, mas do consumo e do gozo irrestrito. Dessa forma, observa-se que ocorre uma passagem da ética protestante do trabalho ascético para a ética do direito ao gozo. O consumo, por sua vez, é calculado na produção de processos de subjetivação que não apontam para a falta. Tal fenômeno se dá graças ao fato de que os problemas vinculados ao consumo acabaram por redirecionar a racionalidade dos processos de interação social e de desenvolvimento subjetivo. Lacan (1998) chamou de "mercado do gozo" o que é disponibilizado ao sujeito por meio da infinitude plástica da forma-mercadoria. Nesse sentido, os sujeitos não se satisfazem com a obtenção de um objeto desejado e, a cada apropriação realizada, estão imediatamente abertos à necessidade de satisfação por meio de outro objeto, numa procura irrestrita e incessante, como o próprio desejo[2]. Os resultados são vínculos cada vez mais frágeis com os objetos; vínculos alimentados por uma frequente ironização dos modos de vida.

1.1 O sujeito contemporâneo imerso na sociedade do biopoder

Ao longo dos séculos 17 e 18, no que tange às relações de poder, muitas transformações passam a ser operadas. A mais importante delas, consiste certamente, na constatação foucaultiana de que o poder da soberania é substituído gradativamente pelo poder disciplinar. Foucault revela que, ao longo desses dois séculos, multiplicaram-se por todo o corpo social verdadeiras instituições de disciplina que passam a constituir seu objeto de investigação em *Vigiar e punir* (2013). Portanto, "o poder disciplinar é com efeito um poder que, em vez de se apropriar e retirar, tem como função maior adestrar; ou sem dúvida adestrar para retirar e se apropriar ainda mais e melhor" (Foucault, 2013, p. 143).

A modalidade disciplinar do poder faz aumentar a utilidade dos indivíduos, faz crescer suas habilidades e aptidões e, consequentemente, seus rendimentos e lucros. Por meio de suas tecnologias de poder específicas, o

---

[2] O desejo, enquanto um conceito psicanalítico é estruturante do humano. Pode-se tomar o desejo como resultante da falta. O desejo é algo que se coloca para o sujeito como condição do impossível, sempre inatingível, sendo ele sempre desejo de outra coisa, é movimento. "É na medida em que a demanda está além e para aquém de si mesma, que, ao se articular com o significante, ela demanda sempre outra coisa" (Lacan, 1985, p. 353). O desejo se encontra em uma cadeia metonímica que se relaciona com algo para além da demanda.

poder disciplinar torna mais fortes todas as forças sociais, uma vez que leva ao aumento da produção, ao desenvolvimento da economia, à distribuição do ensino, por exemplo.

Além da multiplicação das instituições de disciplina, Foucault observou que os séculos 17 e 18 também assistiram a uma efusão de dispositivos disciplinares ao longo de toda a extensão da estrutura da sociedade. Para ele, a disciplina consiste como uma tecnologia específica do poder, ela é um tipo de poder e que admite todo um conjunto de instrumentos, de técnicas e procedimentos. Na medida em que o poder disciplinar é uma modalidade de poder múltipla, relacional, automática e anônima, a disciplina, por sua vez, também faz crescer e multiplicar aquilo e aqueles que estão a ela submetidos. Nesse sentido, pode-se dizer que a disciplina é uma técnica que fabrica indivíduos úteis. A disciplina faz crescer e aumentar tudo, sobretudo a produtividade. Além de ampliar a produtividade no mercado de trabalho, a disciplina faz aumentar a produção de saber e de aptidões nas escolas e de saúde no "comércio" médico-farmacêutico, por exemplo. Por esses motivos, Foucault fala em um triplo objetivo da disciplina: ela visa tornar o exercício do poder menos custoso – seja econômico ou político –, busca estender e intensificar os efeitos do poder o máximo possível e, ao mesmo tempo, tenciona ampliar a docilidade e a utilidade de todos os indivíduos submetidos ao sistema (Foucault, 2013).

O poder disciplinar, portanto, passa, a partir da segunda metade do século 18, a ser "complementado" pelo biopoder. Assim, ao passo que o poder disciplinar se faz sentir nos corpos dos indivíduos, o biopoder aplica-se às suas vidas. A disciplina promove a individualização dos homens, enquanto o biopoder acarreta uma massificação, direcionando-se não a indivíduos isolados, mas sempre ao coletivo, à população.

Por conseguinte, a ciência e a tecnologia, nos tempos atuais, propiciam correntes ininterruptas de modos de disciplinarização dos corpos, com a promoção de mais e novos objetos que moldam um novo ser imerso em outras formas de vida. Como alerta o pensamento crítico – na esteira da Escola de Frankfurt, da psicanálise e dos críticos da pós-modernidade –, ocorre uma inevitável mercantilização de todos os domínios da experiência humana. O mercado oferece algumas maneiras de viver já prontas, enquanto o sujeito, alienadamente, limita-se a fazer o que pensa ser sua escolha, como tão bem apontou Foucault.

Freud, em *O Mal-Estar na Civilização* (1996), apontava o inevitável fosso entre o indivíduo, em sua busca de obtenção de prazer, e a cultura, que exerce uma função repressora desse movimento. Deparamo-nos, assim, continuamente, com um *gap* estrutural que nos coloca na obrigatoriedade de um lugar de renúncia ao gozo para, somente então, podermos nos dizer humanos e civilizados. Seres obedientes a uma lei que organiza o corpo social e o faz respeitar a determinadas regras mantenedoras do status quo.

Mais de 70 anos depois dessas constatações de Freud, ainda faz sentido pensar em tal antítese inacomodável, mais próxima da estrutura lógica da *Dialética Negativa* de Adorno (2009). O espírito pode se tornar real na história, mas a pulsão não se deixa inscrever tranquilamente nas tramas simbólicas da cultura. Trata-se de um paradoxo insolúvel que cabe ao sujeito carregar, sem, no entanto, deixar de criar possibilidades para a circulação pulsional, buscando envolver o objeto – sempre intangível. Um objeto que, por sinal, está sempre além e, ao mesmo tempo, sempre aquém de qualquer apreensão. Trata-se de levar em conta, na construção da subjetividade, a relação dialética entre esferas da consciência e do inconsciente, no que concerne ao embotamento das áreas conscientes pela força das ideologias que permeiam a história da sociedade ocidental. Ademais, quanto à cooptação do desejo, por meio de constante apresentação e fetichização de objetos de gozo.

Nesse sentido, parece haver um incontornável equívoco presente nas possibilidades do ser humano. Sob os imperativos do capital, o trabalho de construção/formatação da subjetividade humana, encontra-se, atualmente, com uma cultura espetacularizada, isto é, uma cultura acrítica que leva o homem à passividade e à aceitação dos valores preestabelecidos pelo capitalismo. Há, então, uma inevitável anuência que invade todos os domínios da experiência humana. A fetichização é que dá a sustentação da mercadoria como objeto de desejo, que é, por sua vez, consumível, mas nunca atingido, embora sempre pronto para ser o próximo de uma cadeia simbólica infinita. Tal situação nos leva a um paralelo com o movimento do próprio desejo, tal como descrito por Freud, como sempre inalcançável. Nesse contexto, o mito da tecnologia é reiterado sem trégua. Encontram-se aqui questionados novos tipos de subjetivação, própria ao período moderno. Afinal, o sujeito terminou por ceder à lógica do mercado e do consumo, atingindo as jurisdições – outrora privatizadas – de seu corpo e de seu mundo interno.

Desse modo, esforça-se, então, por tornar seu corpo um modelo perfeito e idealizado, veiculado incessantemente pelos meios de comunicação de massa para o consumo; corpo agora submetido às normas e ordens sociais, que hoje se refletem em uma cultura de felicidade e de bem-estar duradouros e que, desprovido de sucesso, se submete à radicalidade onipresente da indústria médico-farmacêutica. A "alma", esvaziada de significações, peregrina pelos consultórios médicos em busca da tão prometida felicidade, propalada pelos livros de autoajuda ao vendaval alienante da indústria do entretenimento, que acena com alguma sensação. Afinal, o sujeito é o consumidor voraz do gozar.

Logo, a dialética do desejo e da falta parece soçobrar, pois não mais permite ao sujeito se deparar com a falta enquanto mola propulsora do desejo. O que passa a se estabelecer, todavia, é a necessidade intrínseca de tamponar essa falta e instaurar um novo objeto a ser consumido, um novo falo imaginário que irá obstar o acesso ao vazio, objeto que se constitui em uma dinâmica perversa e própria do capital. Dessa forma, o contínuo e inevitável processo de objetivação do sujeito engendra nada mais do que uma paródia do ser envolto na busca infatigável de uma restauração potente e alegre do novo "eu", consumidor que não se reconhece na exterioridade de si.

Ao trazer essa discussão para o campo da educação, nota-se que os desafios da escola perante as atuais contradições da sociedade – onde se destaca os inauditos avanços científicos e tecnológicos – convivem com velhas questões ainda por resolver. A crítica mais conexa que se pode apontar aos sistemas de ensino da atualidade é que "não respondem às contradições e às demandas provocadas pelos processos de globalização econômica e de mundialização da cultura" (Moreira; Candau, 2003, p. 156).

Por meio do conceito de "indústria cultural", termo essencialmente crítico que ganhou visibilidade a partir da obra conjunta de Adorno e Horkheimer, a *Dialética do Esclarecimento* (1985), procurou-se desmitificar a idéia de que os meios de comunicação de massa produzem uma cultura genuinamente popular. No capítulo que tem como subtítulo "o esclarecimento como mistificação das massas" discute-se um artifício embutido nos consumidores da cultura de massa, tratados como se fossem sujeitos na fruição das obras. Mas, na verdade, eles não passam de encruzilhadas de tendências do movimento capitalista cada vez mais globalizado; ou seja, o caráter substancialmente ilusório da cultura de massa é de que toda a cultura de massa é narcisista, pois suas produções visam proclamar a imagem que o sujeito faz de si mesmo, quando na realidade tal imagem é feita pela própria indústria cultural. A cultura de massa é um tipo de produção cultural que tem sua força devida ao fato de que seus consumidores, de alguma forma, precisam de algo que ela diz oferecer. Adorno argumenta essa tese no plano econômico, focando a dinâmica de constituição da subjetividade originalmente burguesa e na qual a esfera do trabalho e das relações econômicas em geral tem um peso substantivo na construção dela.

A indústria cultural significou, para a sociedade capitalista, não somente uma indústria que cria produtos e entretenimentos padronizados, mas também um poderoso instrumento de coesão social. Por meio dela, são incutidos valores, preceitos, crenças, maneiras de ser, agir e pensar, para que todos vivam de forma aparentemente pacífica. Foi ela que ajudou a construir e universalizar os valores da sociedade do consumo. A cátedra da indústria cultural foi a de introjetar valores, preceitos, visão de mundo e padrões de conduta no indivíduo massificado. Como resultado, ela produziu e reproduziu a semiformação por meio da dispersão de seus produtos e entretenimentos sempre padronizados, de sorte que as coisas não se sustentam pelo argumento da razão. Ao contrário, o sujeito e seu intelecto estão cativos do engodo do gozo, o que faz com que a semiformação se configure como a base de uma subjetividade reificada e alienada no interior das práticas sociais.

Para Adorno e Horkheimer, a maior consequência do advento da indústria cultural foi a degradação da formação cultural vislumbrada pelo esclarecimento e, consequentemente, a perda da autonomia prometida aos indivíduos, agora presos à lógica do consumo. A sofisticação produtiva de mercadorias atingiu o sistema social como um todo. Os consumidores de produtos e de formas de facilidades sociais ficaram prisioneiros dos bens de capital e do gozar. Por essa mesma via, a consciência também sucumbiu aos produtos e confortos narcotizantes da indústria médico-farmacêutica.

Desse modo, a sociedade regida pelo consumo, entretenimento e pela felicidade padronizados pela indústria cultural, promoveu a formação enquanto semiformação generalizada. Adorno compreendeu a semiformação como uma espécie de semicultura cuja característica maior é a de ser estandardizada, empobrecida em seu conteúdo, circunscrita e atomizada. Nesse sentido, tudo que é produzido e criado só tem uma direção: o consumo de massa. Tais produtos são construídos com finalidade econômica, mediante a qual se obtém a integração e a adaptação dos indivíduos com vistas ao consumo. Conformados a essa mesma lógica, dia após dia, os sujeitos se tornam reféns da indústria farmacológica, que apazigua o mal-estar e o substitui por novas formas de gozo administrado.

Se a formação cultural burguesa ainda exigia certo esforço intelectual, a semiformação generalizada atual, ao contrário, simplificou ao máximo os seus elementos complexos, adaptando-os a um suposto aprendizado ao alcance de todos. Os conteúdos críticos, negativos e emancipadores foram obstruídos, perdendo suas características de transcendência do existente. A cultura se converteu tão somente num engodo, tornando-se adaptação ao (con)formar os indivíduos à "vida legítima". As relações humanas tornaram-se relações mediadas apenas por mercadorias e pelo sentido único da lógica do mercado. A busca desenfreada comandada pela lógica do capital, da competição e do consumo – a busca de reconhecimento imaginário – impede o sujeito de realizar suas potencialidades, sua autonomia e competência, tornando-o fatalmente um sujeito individualista e egoísta.

O próprio trabalho docente, como diz Barreto (2010), se converte em um movimento de "comoditização", e é conforme esse princípio que a formação docente vem possibilitando a democratização do ensino, muito embora o que se observe seja uma considerável perda de qualidade auferível nos processos educacionais. Nesse sentido, para o homem semiformado, como sublinhara Adorno, todas as palavras se convertem num sistema alucinatório, de modo que o que lhe cabe é ser sujeito da reprodução de um mundo em que sua condição é de total assujeitamento. Nessa perspectiva, a Teoria Crítica da Sociedade evidencia o poder exercido sobre as massas, verificado no assujeitamento das pessoas envolvidas por um sistema alienante que medeia a relação daquelas com o mundo social.

Surge assim a reflexão sobre as novas condições sociais, a partir das quais o processo de semiformação se aprofunda nos dias atuais e pode se associar a uma possível mutação na percepção dos sujeitos, isto é, em sua subjetividade. Essa mutação subjetiva está entrelaçada ao uso cada vez mais constante de drogas psicoestimulantes desde a infância. Entretanto, a constituição das crianças também está marcada pelo excesso de imagens via computadores, tablets, jogos eletrônicos, enfim, por toda uma exposição ilimitada à "cultura" das mídias digitais.

A cultura, desse modo, deixou de ser vista como algo espontâneo e popular e passou a ser encarada como criação de empresas que ofertam produtos e entretenimentos padronizados para o grande público. O mesmo acontece com a indústria farmacêutica. Primeiramente se cria uma droga, uma medicação para tratar algo; depois, a mesma indústria se ocupa de produzir a demanda – a clientela – para a medicação produzida. É isso o que acontece com o TDAH.

1.2 O TDAH como dispositivo

Discutir o conceito de dispositivo se faz importante para maior compreensão sobre o aparecimento de novas patologias, em especifico o TDAH, que aparece como um novo modo de existência. Mesmo que se entenda como um transtorno, o TDAH nos revela que o que aparece na cultura como desvio, como anormal, se pauta em um ideal de saúde. Esse acaba por instituir normas e padrões de comportamento. É anormal, então, aquele que se mostra incapaz de se adaptar às novas condições de vida, a um novo modo de existir.

Desse modo, a saúde se mede pela normatividade, pela capacidade em se fixar em novas normas. Dispositivo é um conceito foucaultiano, e, para Foucault o dispositivo está sempre inscrito em um jogo de poder, ligado a configurações de saber que dele nascem, e também, o condicionam, ou seja, "estratégias de relações de força sustentando tipos de saber e sendo sustentadas por eles" (Foucault, 1997, p. 246). São linhas que fixam os jogos de poder e as configurações de saber que nascem do dispositivo, mas que, ao mesmo tempo, o condicionam estabelecendo inúmeras estratégias de relação de força para sustentar tipos de saber e ser. Para o autor, o dispositivo refere-se à maneira variada em que os elementos se vinculam e se relacionam para atingir determinado fim, produzir algo que dê conta de um problema; e que, por sua vez, promove mudanças no próprio dispositivo compondo, assim, uma formação flexível, porosa, mas não insuperável, pois os dispositivos se reconfiguram até atingirem seu limiar e uma nova formação ser instaurada.

Foucault nunca aprovou conceitos e categorias conhecidas como universais ou gerais. Contudo, o conceito de dispositivo se tornou um conceito essencial do pensamento do autor para compreensão dos jogos de poder presentes na cultura que capturam, orientam, determinam e modelam comportamentos e formas de existência almejados pelo capitalismo. Para isso, segundo Foucault, ocorre uma propagação de dispositivos no intuito de garantir que novos padrões sejam seguidos, o que paralelamente promove a proliferação de múltiplos processos de subjetivação.

> Isto pode produzir a impressão de que a categoria da subjetividade no nosso tempo vacila e perde consistência, mas trata-se, para sermos precisos, não de um cancelamento ou de uma superação, mas de uma disseminação que acrescenta o aspecto de mascaramento que sempre acompanhou toda a identidade pessoal (Agamben, 2009, p. 13).

Desse modo, aquele que não consegue se adaptar às novas normas, padrões e formas exigidos pela sociedade, e cuja enfermidade parece residir justamente aí como um produto histórico e cultural, denuncia que a doença é homóloga à estrutura social e histórica onde ela aparece.

O que determina os dispositivos do capitalismo atual é que eles não atuam na construção de um sujeito, mas, por meio de processos que podem ser denominados de dessubjetivação. A dessubjetivação está subentendida em todo o processo de subjetivação. O que parece ocorrer é que os processos de subjetivação e os processos de dessubjetivação não cedem espaço para a "reorganização" de um novo sujeito. As sociedades comparecem como corpos incapazes e sucateados por gigantes processos de dessubjetivação que não correspondem a nenhuma subjetivação real, a não ser a de responder e se adaptar à ordem social.

> Aquele que se deixa capturar no dispositivo "telefone celular", qualquer que seja a intensidade do desejo que o impulsionou, não adquire, por isso, uma nova subjetividade, mas somente um número através do qual pode ser, eventualmente, controlado; o espectador que passa as suas noites diante da televisão não recebe mais, em troca da sua dessubjetivação, que a mascara frustrante do *zappeur* ou a inconclusão no cálculo de um índice de audiência. Daqui a futilidade daqueles discursos bem intencionados sobre a tecnologia, que afirmam que o problema dos dispositivos se reduz aquele de seu uso correto. Esses discursos parecem ignorar que, se todo dispositivo corresponde a um determinado processo de subjetivação (ou, neste caso, de dessubjetivação), é de tudo impossível que o sujeito do dispositivo o use "de modo justo". Aqueles que têm discursos similares são, de resto, a seu tempo, o resultado do

dispositivo midiático no qual estão capturados (Agamben, 2009, p. 15).

Agamben, desse modo, radicaliza e generaliza o termo estratégico de Foucault, definindo como dispositivos todos os expedientes de captura dos seres viventes que agem no sentido de orientar, determinar, interceptar, modelar, controlar e assegurar gestos, condutas, opiniões e discursos. Isso inclui não somente as prisões, manicômios, o Panóptico, escolas, fábricas, disciplinas, e medidas jurídicas – instâncias de poder por excelência na sociedade disciplinar, segundo Foucault –, mas também a escritura, a literatura, a filosofia, os computadores, e os telefones celulares, aos quais poderíamos acrescentar uma gama infinita de aparatos tecnológicos e midiáticos. Ao fazer esse gesto filosófico, Agamben consuma, ao mesmo tempo, o caráter distópico dado pela gigantesca acumulação e proliferação espetacularizada de dispositivos de poder na fase extrema do desenvolvimento capitalista. Nesse cenário, não restaria sequer um único sujeito não modelado, não capturado ou controlado por um dispositivo. Por isso, Agamben defende que o "dispositivo é, antes de tudo, uma máquina que produz subjetivações e, somente enquanto tal, é também uma máquina de governo" (Agamben, 2009, p. 46).

Nesse sentido, o diagnóstico do TDAH pode ser pensado como um perigoso dispositivo que vem tornando uma geração de crianças doentes por não se comportarem dentro dos padrões pré-estabelecidos pela medicina que, representando a sociedade atual, legisla sobre a vida humana e produz rótulos que estigmatiza o sujeito e lhe impõe um padrão a ser seguido. Estão colocadas, então, as novas condições históricas para a medicalização da vida, aqui incluídos os problemas de aprendizagem, com o fármaco mais utilizado, a saber, o metilfenidato. A partir das referências citadas, compreende-se o surgimento de um dispositivo como o diagnóstico para uma "doença" que impede muitas crianças de aprender.

Por essa via, medicaliza-se a educação, decompondo problemas pedagógicos e políticos em questões de biologia. Validando, cada vez mais, o discurso médico-pedagógico, que não deixa de fazer a manutenção a essa prática, desresponsabilizando a escola e responsabilizando as crianças pelo seu não-aprendizado.

Se, por um lado, temos uma sociedade marcada pela velocidade do tempo e pelo pós-humano – o *cyborg* –, por outro, vemos florescer a racionalidade cínica como resposta à corrosão dos fundamentos substanciais que provocaram a situação de crise de legitimidade do sistema social. A ideologia opera resguardando essa correta distância reflexiva em relação àquilo que ela mesma enuncia. Com isso, é possível dizer que a forma crítica se esgotou, pois a realidade internalizou suas estratégias de poder. Dessa maneira, o sujeito fica extremamente vulnerável, deixando de se perceber como protagonista e passando a se sentir aprisionado pelas atuais tecnologias de poder e pelas enfermidades provenientes da exterioridade em que vive; levando, cada vez mais, a um grande sofrimento psíquico.

Afinal, o imperativo atual é gozar, e não adoecer – ainda que seja perfeitamente possível gozar a partir da consternação. Entretanto, a indústria farmacêutica rapidamente se apropria do sofrimento humano e o medicaliza, tornando ainda mais banal toda e qualquer experiência vivida como mera exterioridade.

O etnopsiquiatra Georges Devereux[3] auxilia na compreensão do TDAH como dispositivo quando fala em desordem étnica, ou seja, de uma desordem socialmente estruturada com um material cultural dado de antemão. A doença seria, ao mesmo tempo, uma reprodução e um desvio em relação à sociedade que lhe deu origem, ou seja, uma sociedade se "desponta" nos doentes que ela mesma produz.

1.3 O TDAH como enquadramento (pós) disciplinar

Os novos métodos diagnósticos propostos a partir da série DSM (Manual Diagnóstico e Estatístico de Transtornos Mentais – *Diagnostic Statistic Manual of Mental Disorders* – e os progressos da medicalização se configuram como formas majoritárias de ingerência terapêutica na contemporaneidade. Há uma verdadeira "epidemia" de diagnósticos psiquiátricos que se fundam em bases biológicas para as aflições psíquicas, aproximando os fenômenos mentais de patologias orgânicas; trata-se de um abandono crescente da descrição causal e de sentido dos sintomas apresentados pelo sujeito, em prol de uma visão bioquímica cerebral, desvinculada do social (Aguiar, 2004; Silva, 2004; Roudinesco, 2000), que faz do biopoder um alicerce incontroverso da psicopatologia na atualidade.

A criação do DSM-I marca o surgimento da série, estabelecendo o poder da medicina e da indústria farmacêutica na vida dos sujeitos. Desde então, a indústria investiu cada vez mais recursos na propagação de novas

---

[3] Geoges Devereux, *Essais d'etnopsyquiatrie génerale*, Paris, Gallimard, 1970. *Apud* Pelbart, 1989.

doenças, ou melhor, na transformação de comportamentos cotidianos que passaram a ser vistos como índices patológicos. A partir de então, grande parcela de recursos no marketing de novas drogas foram endereçadas aos comportamentos habituais, agora transformados em doentes.

Se o uso dos psicofármacos pôde ter alguns efeitos positivos associados às mudanças propostas no tratamento de patologias, atualmente, a psicofarmacologia e a neuropsiquiatria conquistaram espaços hegemônicos, não apenas no tratamento de sofrimentos considerados severos, como também no de uma gama infinitamente maior de novas patologias. Pode-se citar, nesse sentido, a tristeza que se tornou sinônimo de depressão, as angústias e fobias que ganharam o título de "síndrome do pânico", as crianças ativas e sapecas que se tornaram "hiperativas" (TDAH), bem como as crianças questionadoras que foram encaixadas sob o "transtorno desafiador opositor" (TDO). Em outras palavras, ninguém mais escapa ao biopoder. Tal discussão é elucidada quando se recorre a Foucault para compreender o imenso espaço imaginário que o DSM hoje ocupa em nossa sociedade, assim como a sua legitimação em inúmeras formas de enquadramento disciplinar do corpo.

Isso pôde ser observado ao longo dos séculos 17 e 18, no que tange às relações de poder, em que muitas transformações passam a ser operadas, nas sociedades europeias do século XVIII. Elas só serão possíveis com o advento da categoria "sujeito" e serão os corpos físicos das pessoas, o primeiro espaço no qual será exercida uma nova forma de poder. A mais importante delas consiste certamente na constatação foucaultiana de que o poder da soberania é trocado gradualmente pelo poder disciplinar e que, posteriormente, as monarquias dominadoras se transformaram aos poucos em verdadeiras sociedades disciplinares. Na medida em que a base da sociedade foi de ponta a ponta atravessada por mecanismos disciplinares, inverteram-se também os princípios da centralidade e da visibilidade do poder:

Isso ocorre com a institucionalização das escolas, dos hospitais, dos quartéis, das prisões, entre outros ambientes denominados como instituições de "sequestro". Essa denominação é utilizada pelo fato de individualizar o sujeito e usar técnicas disciplinares para docilizá-lo. Ao lado do poder disciplinar, surge no final do século XVIII, um tipo de poder que será denominado por Foucault de biopoder. É no contexto de tais sociedades que surge o poder disciplinar, como uma tecnologia de poder que trata o corpo como máquina, objetivando adestrá-lo para transformá-lo em um instrumento útil aos interesses econômicos. Concomitantemente, surge o biopoder, cujo foco não é mais o corpo individualizado, mas sim o corpo coletivo.

> Seria talvez preciso também renunciar a toda uma tradição que deixa imaginar que só pode haver saber onde as relações de poder estão suspensas e que o saber só pode se desenvolver fora de sua injunções, sua exigências e seus interesses. Seria talvez preciso renunciar a crer que o poder enlouquece e que em compensação a renúncia ao poder é uma das condições para que se possa se tornar sábio. Temos antes que admitir que o poder produz saber (e não simplesmente favorecendo-o porque o serve ou aplicando-o porque é útil); que poder e saber estão diretamente implicados; que não há relação de poder sem constituição correlata de um campo de saber, nem saber que não suponha e não constitua ao mesmo tempo relações de poder. Essas relações de "poder-saber" não devem então ser analisadas a partir de um sujeito do conhecimento que seria ou não livre em relação ao sistema do poder; mas é preciso considerar ao contrário que o sujeito que conhece, os objetos a conhecer e as modalidades de conhecimento são outros tantos efeitos dessas implicações fundamentais do poder-saber e de suas transformações históricas. Resumindo, não é a atividade do sujeito de conhecimento que produziria um saber, útil ou arredio ao poder, mas o poder-saber, os processos e as lutas que o atravessam e que o constituem, que determinam as formas e os campos possíveis de conhecimento (Foucault, 2013, p. 30).

Um dos principais aparatos disciplinadores apontados por Foucault em seus estudos é a sanção normalizadora. Esse aparato faz tudo funcionar sem parecer um delírio coletivo, uma vez que no centro de cada código disciplinar existe um pequeno mecanismo "penal", ou seja, uma forma única de punição. A penalidade disciplinar tem o objetivo de aniquilar os desvios, portanto, é corretiva. Afirma-se que os indivíduos são caracterizados conforme a sua natureza. Dependendo de seu nível ou valor eles são selecionados e, consequentemente, individualizados. A penalidade advinda do poder disciplinar não tem por objetivo nem a consternação, nem a repressão: "a penalidade perpétua que atravessa todos os pontos e controla todos os instantes das instituições disciplinares compara, diferencia, hierarquiza, homogeneíza, exclui. Em uma palavra, ela normaliza" (Foucault, 2013, p. 153). Assim, com o poder disciplinar surge o poder da norma, que substitui de maneira bastante diferenciada a função que a lei tinha no regime do poder da soberania. Dessa forma, pode-se compreender que quando o controle e a codificação dos comportamentos são negados, a normalização dos comportamentos entra em cena.

> Na disciplina, os elementos são intercambiáveis, pois cada um se define pelo lugar que ocupa na série, e pela distância que o separa dos outros. A unidade não é, portanto nem território (unidade de dominação), nem o local (unidade de residência), mas a posição na fila: o lugar que alguém ocupa numa classificação, o ponto em que se cruzam uma linha e uma coluna, o intervalo numa série de intervalos que se pode percorrer sucessivamente. A disciplina, arte de dispor em fila, e da técnica para a transformação dos arranjos (Foucault, 2013, p. 140-141).

A partir de então, instauram-se um modelo de infância, um modelo de ensino e um modelo de aprendizagem. Quem fugir a esse modelo estará fora da regra e, portanto, deverá ser punido ou medicalizado para que se adapte e se enquadre no ideal proposto Desse modo, a infância torna-se um artefato da cultura e da indústria. Parafraseando Adorno, é por meio da ideologia da indústria cultural que a adaptação toma lugar da consciência.

O último dos dispositivos do poder disciplinar é o exame, que faz com que os dois dispositivos funcionem sem dificuldades, porque o exame é uma espécie de articulação entre a vigilância e a sanção normalizadora. Isto é, o exame constitui o indivíduo como objeto para análise e, posteriormente, para comparação. Trata-se de um controle normativo; uma vigilância que permite classificar, rotular e penitenciar, um ato facilmente comparável ao exercício do biopoder atual por meio do DSM.

O exame inflige aos indivíduos uma notoriedade por meio da qual eles são diferenciados, distinguidos e ratificados. Daí a origem da afirmação de que o exame é o resultante entre objetivação e sujeição: "ele manifesta a sujeição dos que são percebidos como objetos e a objetivação dos que se sujeitam" (Foucault, 2013, p. 154). O exame também tem a propriedade de fazer funcionar relações de poder que aceitam obter saber. Mais que isso, o indivíduo passa a ser, ao mesmo tempo, consequência e objeto do poder e do saber: "o exame não se contenta em sancionar um aprendizado; é um de seus fatores permanentes" (Foucault, 2013, p. 155).

A partir da segunda metade do século 18, o poder disciplinar passa a ser complementado pelo biopoder, como mencionado anteriormente. Ou seja, o biopoder instala-se de tal forma no poder disciplinar que o incorpora, agregando-o e transformando-o segundo suas próprias dinâmicas.

O biopoder "não suprime a técnica disciplinar simplesmente porque é de outro nível, está noutra escala, tem outra superfície de suporte e é auxiliada por instrumentos totalmente diferentes" (Foucault, 1999, p. 289).

É importante ressaltar que as variáveis de poder passam a conviver no mesmo tempo e espaço. Ora, se de um lado a disciplina traz a individualização dos homens, o biopoder intenta uma massificação. Afinal, uma vez que o biopoder não se emprega aos sujeitos isolados, mas a toda população, pode-se dizer que seus efeitos são coletivos. O biopoder não interfere no sujeito e nem em seu corpo da mesma maneira que o poder disciplinar; ao contrário, interfere nos episódios grupais que abordam e afetam a população. Para isso, o biopoder cria alguns mecanismos reguladores que admitem realizar tais afazeres. O poder da soberania, o poder disciplinar e o biopoder atuam como castas acopladas, ou seja, são pontos de partida para a explicação do poder e da forma pela qual ele se manifesta por meio de suas implicações na história da sociedade.

Fica fácil entender como funciona essa lógica do ponto de vista da educação, quando analisamos a quantidade de crianças diagnosticadas e medicalizadas devido a queixas escolares e seus encaminhamentos para a rede de saúde, como se a criança não aprendesse tão somente por incapacidade do aluno. Quando, porém, uma criança é diagnosticada como hiperativa, nos termos propostos pela psiquiatria atual, ou como portadora de qualquer suposta patologia que a "impeça de aprender" e que só será resolvida mediante tratamento medicamentoso, para grande parte das pessoas, isso soa como uma verdade científica inquestionável. Entretanto, as dúvidas e os questionamentos são diversos. O diagnóstico é o principal deles.

Atualmente, para diagnosticar e receitar uma droga para uma criança encaminhada pela escola, um médico leva minutos no consultório, respondendo claramente a esse processo de adestramento dos corpos. É interessante observar que alguns desses medicamentos receitados trazem em sua bula a indicação "somente para uso no período escolar", o que leva a um certo estranhamento. Afinal, o que está acontecendo nas escolas? Ou, ainda, o que está acontecendo com as crianças dentro das escolas?

Ao que tudo parece indicar, questões de caráter pedagógico e social se transformam em questões da saúde, de ordem biológica, fazendo com que os problemas da educação e da vida se tornem distúrbios que devem ser tratados com drogas medicamentosas. Dessa forma, a indústria farmacêutica vem forjando pesquisas e criando novas doenças para o fato de o estudante não aprender, como se a responsabilidade coubesse somente ao aluno. Aos médicos e professores, parece somente caber a ação de se ocuparem em realizar os devidos diagnósticos e encaminhamentos. A diferença entre "medicar" e "medicalizar" que Diniz (2009) apontou no artigo *Os equívocos da infância medicalizada* se faz de grande importância:

> Medicar pode ser necessário, desde que caso a caso. Já a medicalização é o processo pelo qual o modo de vida dos homens é apropriado pela medicina e que interfere na construção de conceitos, regras de higiene, normas de moral e costumes prescritos - sexuais, alimentares, de habitação - e de comportamentos sociais. Este processo está intimamente articulado à idéia de que não se pode separar o saber - produzido cientificamente em uma estrutura social - de suas propostas de intervenção na sociedade, de suas proposições políticas implícitas. A medicalização tem como objetivo, a intervenção política no corpo social (Diniz, 2009, p. 42).

O rumo histórico de cada um dos setores sociais responsáveis em produzir o conhecimento na infância mostrou de forma clara que o posicionamento e o discurso médicos forneceram os argumentos necessários para que se estruturasse a lógica disciplinar, baseada em parâmetros de normalidade inegavelmente científicos. A partir do estabelecimento fisiológico das categorias "normal e patológico", como demonstrado por Canguilhem (1995), a medicina pode ocupar o lugar de decisão última sobre o que deve ou não sofrer medidas de correção. A posição do médico tem uma abrangência desmedida quando observamos a proposta desse discurso de homogeneização e generalização que anula toda e qualquer possibilidade de que o estudante tenha uma história a ser avaliada. Apenas uma palavra que venha do médico como um ser detentor da verdade absoluta, mesmo que não seja a última, pode submeter o paciente a um estigma identificatório do qual ele não poderá mais sair.

Segundo a proposta de Canguilhem, o estado patológico não é a falta de uma regra ou norma, pois não existe vida sem regras, não existe a vida sem as normas de vida; assim, a proposta é que o estado patológico também é uma forma de se viver. Patológico então é uma "norma que não tolera nenhum desvio das condições na qual é válida, pois é incapaz de se tornar outra norma" (Canguilhem, 1995, p. 145). O doente, portanto, se torna paciente por ser incapaz de seguir um padrão, uma norma. Nesse sentido, ser saudável seria mais do que ser normal, seria ser capaz de estar integrado às exigências do meio e ser capaz de construir e seguir novas normas de vida, já que "o normal é viver num meio onde flutuações e novos acontecimentos são possíveis" (Canguilhem, 1995, p. 188). Por fim, a saúde pode ser entendida como uma sensação de segurança na vida, uma sensação de que o sujeito por si próprio não se impõe limite algum. O patológico seria, assim, uma norma biológica diferente, mas desviada pela vida. Portanto, o estado normal de um ser vivo se transcreve na relação normativa que impõe novas normas a determinados meios.

> Normal, dirá Canguilhem, deve entender-se como normativo. Normativo é o que institui normas. Para Canguilhem, mais do que o homem, é a própria vida que institui suas normas, que são ao mesmo tempo condições de sua preservação e luta contra os perigos que a ameaçam. Há portanto uma normatividade biológica, que significa: a vida dita as normas que lhe permitem manter-se e crescer, e dita novas normas (mórbidas, por exemplo) quando se vê ameaçada (Pelbart, 1989, p. 211).

Contudo, todo debate entre saúde e doença, normal e patológico, deve ser devolvido ao seu local de origem: a história, a cultura em que ele se inscreveu e se fixou como tal.

Estabelecido o conceito de normalidade defendido pelo autor, pode-se adentrar a questão última: como a medicina estabelece o que é normal? Para isso, se faz necessário pensar no papel da observação clínica, que é, ou deveria ser, o lugar de intermédio entre o sujeito doente e o médico; mas não o do professor e seu aluno, pois esse último se constitui em um espaço exclusivo da educação e não, da saúde. A clínica e a sala de aula não compartilham nenhuma semelhança, tampouco a mesma estrutura de papéis, funções e conhecimentos.

Assim, as crianças e suas famílias são, muitas vezes, submetidas pela escola ao domínio do saber-médico. Tal sujeição ocorre sem nenhuma consideração acerca do contexto em que se dá a queixa escolar, ou mesmo da qualidade da formação daquele profissional que encaminha a criança aos consultórios médicos e por qual meio isso ocorre. Questões relativas à escola e ao sistema educacional como um todo não são sequer consideradas e/ou questionadas.

Pode-se dizer que por essa via a educação revela sua importância no enquadramento disciplinar do corpo em escala de massa colocada pela ordem médica, um fator fundamental na transformação social desejada e legitimada pelas políticas públicas educacionais. O TDAH encontra-se nesse espaço, no qual a criança que supostamente possui o déficit de atenção é a criança da cultura atual, denominada por Türcke (2010a) de cultura *high-tech*. Nesse sentido, os sintomas do transtorno em questão são sintomas da sociedade contemporânea movida por uma cultura ao mesmo tempo multimidiática e medicalizada.

Nessa perspectiva teórica, o TDAH seria o sintoma da "distração concentrada", um regime de atenção colocado em marcha pela cultura multimidiática atual. Parafraseando Türcke (2010a, p. 136), somente quando já se encontra a cultura de déficit de atenção existe TDAH. A educação, como parte essencial da vida civilizada atual, se tornou, ela mesma, também um desdobramento da sociedade *high-tech,* cujas tecnologias se sobrepõem aos sujeitos em uma progressiva alienação.

Como observado, a falta de sobressalto de pais, professores e especialistas com o uso contínuo de psicoestimulantes, que levam à inibição do comportamento espontâneo e a uma dificuldade quanto à flexibilidade do pensar e do agir, revela a que ponto a medicalização está naturalizada em nossa sociedade. O mesmo pode ser observado quando a escola relata uma melhora da criança após a terapêutica empregada. É como se os sintomas do TDAH desaparecessem com o disciplinamento quimicamente induzido do corpo, quando, na verdade, uma cultura multimidiática como agente promotor dos sintomas passa à sombra.

O objeto dessa investigação demanda a compreensão do motivo de as escolas tomarem a medicalização como a melhor – ou a única – opção para conter e ensinar crianças e adolescentes, em vez de escutá-los em sua singularidade. Posto que a contemporaneidade passa por grandes transformações sob a regência de uma cultura cada vez mais tecnológica – que produz um novo regime de atenção excessiva, exercida pelos choques de imagens –, faz-se necessário um esforço ético de repensar e analisar historicamente os discursos que aparecem como prescritivos e que reforçam o saber médico.

Além disso, se, ao descrever e catalogar o TDAH, descarta-se qualquer relação com o social, em específico com a cultura escolar, faz-se necessário interrogar e romper o percurso que levou a um diagnóstico que contém o ideal homogeneizador de uma sociedade. Caso contrário, nossa cultura apenas deslizará para o abismo das verdades inquestionáveis, vigiadas por um sistema que coage e pune o que aparece como sintoma mesmo da civilização em seu estágio atual:

> Ora, esse sujeito "pós-moderno" não está advindo por um acaso inexplicável da história, mas ao final de um empreendimento perigosamente eficaz no centro do qual encontramos duas instituições maiores dedicadas a fabricá-lo: de um lado, a televisão e, de outro, uma nova escola consideravelmente transformada por trinta anos de reformas ditas "democráticas", mas caminhando todas no mesmo sentido, o de um enfraquecimento da função crítica (Dufour, 2005, p. 119).

Nesse sentido, as críticas pertinentes ao processo de medicalização da infância, especificamente no caso do TDAH, constatam que as crianças deixam de ser escutadas na sua singularidade como protagonistas de uma história; e que estão inseridas num contexto familiar e social para se tornarem objetos, submetidos à intervenção e à correção para sua adaptação. Os adolescentes, e principalmente as crianças, estão sendo silenciados nas suas tentativas de expressão junto aos pais e professores, numa tentativa de se manter um ideal de "normalidade" perseguido pela medicina e aprovado pela escola – e também pelos dispositivos de vigilância do Estado. O que se cala são os conflitos que, na verdade, deveriam impulsionar o ato de educar. Contudo, o pensamento que se estabeleceu é o de que algo se passa – biologicamente – com a criança que a impede de aprender. Por isso, a preocupação está em diagnosticar, ao invés de buscar novas estratégias de ensino para que todos possam usufruir do papel essencial da educação como locus privilegiado de conhecimento.

Afinal, não se restringe aos nossos dias o fato de que a criança é ativa e inquieta, de que seu corpo se agita diante do que ainda não consegue representar pela palavra, ou mesmo que a sua curiosidade a leva a distrair-se, derivando sua atenção em diferentes rumos. E isso acontece com toda criança e faz parte do "crescer" ou do tornar-se um cidadão ativo como prescrevem os Parâmetros Curriculares Nacionais (PCNs). A problemática se coloca no interior da escola, na formação docente e, principalmente, nas mídias que propagam novos hábitos perceptuais para justificarem o funcionamento da lógica do capital pela indústria médico-farmacêutica, além da obsolescência da família, cujo papel de socialização foi terceirizado à escola.

2

A CONSTRUÇÃO DIAGNÓSTICA DO TDAH

Data de 1952 a primeira sintetização do DSM-I. O DSM-II, publicado em 1968, foi reestruturado com base na linguagem psicanalítica até 1980, quando foi publicada a versão DSM-III, na qual os critérios biológicos voltaram a imperar novamente. As bases do diagnóstico enfatizam a objetivação dos critérios utilizados em experimentações científicas que afasta cada vez mais a dimensão de sentido dos quadros psicopatológicos (Aguiar, 2004). Segundo esse autor, as questões econômicas existentes no apoio de pesquisas americanas na área da psiquiatria tiveram um importante papel nas alterações teóricas do manual. Os altos custos não admitidos pelas seguradoras de saúde e pelos órgãos do governo de apoio à pesquisa em saúde mental, provindos da falta de objetividade nas metodologias psiquiátricas anteriores à mudança feita pelo DSM-III, instigaram a importância no controle dos corpos por meio de uma disciplinarização do poder-saber.

A edição do DSM-III se distingue e não mais se relaciona com a psiquiatria clássica. A partir dessa versão, os quadros psicopatológicos serão apresentados como transtornos mentais diagnosticados a partir da presença de certo número de sintomas – identificados a partir de uma lista presente no manual para cada transtorno –, que devem estar presentes na vida do sujeito por um intervalo definido de tempo. Além disso, a psiquiatria americana consolidou-se em um discurso hegemônico no DSM-IV e, atualmente, o DSM-V é referência mundial de diagnóstico dos transtornos mentais, globalizando o modelo psiquiátrico americano.

Considerando que a medicalização é atualmente indicação prioritária das intervenções médico-psiquiátricas, associada aos procedimentos diagnósticos descritivos; e levando-se em consideração a difusão do discurso médico pela mídia, bem como as campanhas de marketing financiadas pela indústria farmacêutica, o paradigma do discurso médico na produção de verdades acerca do sofrimento psíquico e de sua natureza ganha destaque. Enquanto a psiquiatria clássica esteve envolvida com fatos psíquicos não compiláveis sobre o funcionamento orgânico, reservando lugar para a dimensão incompreensível da subjetividade, a psiquiatria contemporânea requer uma naturalização do fenômeno orgânico e uma dependência do sujeito à bioquímica cerebral, regulável e controlável somente pelo uso dos medicamentos.

Existe aí uma inversão bastante intrigante, pois na lógica de construção diagnóstica atual o medicamento participa da determinação e nomeação do transtorno. Tendo em vista que não existe mais uma etiologia e uma carga histórica a ser considerada – afinal, o sintoma e/ou transtorno está no funcionamento bioquímico –, os efeitos da medicação darão início e validade a um ou outro novo diagnóstico. A administração de drogas em caráter experimental vem acompanhada dos atuais procedimentos médicos, bem como a alteração dos diagnósticos pela mudança dos sintomas percebidos e registrados em um espaço de tempo determinado pelo mercado.

Para descrever a criação da psiquiatria infantil, o autor Bercherie (2001) divide a história em três períodos principais, salientados por diversas influências e por formas diferentes de apreensão dos acontecimentos da infância. De uma maneira resumida temos:

1. O controle da pedagogia dos séculos 18 e 19;

2. Os avanços da psicologia do desenvolvimento; e

3. Os aportes psicanalíticos nas significações da clínica psiquiátrica da criança.

O olhar que os clínicos têm no que diz respeito à infância e à concepção de seu desenvolvimento e do seu papel na concepção do adulto são fatores que determinam as questões, metodologias e verificações desses clínicos. Do início do século XIX até o primeiro terço do século XX a criança é fundamentalmente idealizada como um adulto "em potência" no sentido aristotélico. A psicologia da criança só principia como área autônoma no final do século XIX. Antes dessa época, é preciso procurar as concepções clássicas sobre a infância nas doutrinas pedagógicas (Bercherie, 2001).

Philippe Ariès (1978) nos mostra muito bem essa questão, pois até o início do século XX a criança foi basicamente objeto da pedagogia, e foi aí que os primeiros médicos dedicados a enfrentar os problemas encontrados no desenvolvimento infantil acharam parceria fértil para propor formas de "tratamento" infantil, que já naquela época visava à docilização dos corpos.

Diz-se então que o campo de tratamento da criança está agrupado a certo objeto de educação do começo do século 19. No início, o ideal educativo já estava instalado na forma como hoje o conhecemos e como vinha, desde o século 17, atribuindo contornos à existência e ao sentido que o discurso social designava à criança. O autor mostra que a nova concepção sobre a infância, criada a partir do século 17, é totalmente diligente, com um novo ideal educativo criado para atender às exigências político-sociais de uma burguesia nascente.

Para os médicos dessa época, era de muito interesse cuidar do que se determinava como "confusões" das condições das crianças em se tornarem adultos plenos no exercício de suas obrigações intelectuais e morais. Não é por acaso, então, que os historiadores da psiquiatria afirmam que, nesse período, a patologia fundamental recortada no campo médico para a criança fosse a idiotia – ou o retardo mental –, mesmo que ainda não tivesse o estatuto de doença mental.

Os tratamentos existentes à época são descritos como médico-pedagógicos e eram realizados em locais anexos aos asilos para loucos adultos, ou seja, lugares afastados da sociedade, excluindo, dessa forma, o que aparecia como diferente. Nesses locais se concentravam grande quantidade de crianças consideradas idiotas. Um dos trabalhos mais conhecidos e divulgados dessa época foi o caso de uma criança, achada nos bosques próximos ao povoado de Aveyron, no sul da França em 1798. Apesar de andar em posição quase ereta, a criança se assemelhava mais a um animal do que a um ser humano. Imediatamente, porém, foi identificado como um menino de uns 11 ou 12 anos. Ele emitia somente sons estridentes e incompreensíveis grunhidos e carecia do sentido de higiene pessoal. Ele foi conduzido à polícia local e, mais tarde, para um orfanato próximo. Depois de um tempo, o garoto, conhecido como "menino selvagem" foi enviado a Paris, onde ocorreram tentativas sistemáticas de transformá-lo. Philippe Pinel, considerado o pai da psiquiatria moderna, o diagnosticou como "acometido de idiotia" e, portanto, não suscetível à socialização e à instrução. Em 1800 Itard passou a estudá-lo, pois acreditava que seria possível educá-lo. O trabalho feito por Itard com Victor de Aveyron é considerado um marco nas abordagens de tratamento, embora existam muitas críticas aos feitos de Itard acerca do que não deveria ser feito na educação de crianças. Contudo, essa história foi marcada pelo cientificismo e pelo rigor de Itard ao treinar Victor:

> A importância da história de Victor é medido pelo duplo deslizamento da prática e da reflexão científica dos quais é a ocasião e ponto de apoio: com ele, o selvagem e o idiota desapareceram por trás da condição humana; sua humanidade se torna uma razão para tratamento moral (Postel; Quetel, 1993, p. 510, tradução nossa).

O marco explorado por Itard foi o de conjugar a medicina com a pedagogia, dando lugar à constituição de um saber médico sobre a criança considerada selvagem achada na floresta, sem linguagem e sem um comportamento considerado civilizado. O esforço resultou só parcialmente satisfatório. Aprendeu a utilizar o quarto de banho, aceitou usar roupa e sapatos, bem como a vestir-se sozinho. Embora Itard tenha usado da disciplina e das relações sensoriais de causa e efeito para educar o menino, ele desconsiderou as emoções. Quem deu ao garoto um tratamento mais humano foi a Madame Guérin, a governanta da casa onde ficaram enclausurados, que cuidou de Victor. Tal saber se nomeou pouco depois como psiquiatria da criança ou psiquiatria infantil e, além disso, influenciou em demasia a formação da Educação Especial. O trabalho de Itard se baseou no desenvolvimento de faculdades adormecidas e contidas no organismo da criança, graças à natureza. Devemos dizer que o controle da sabedoria sobre a criança passou cada vez mais do estudo pedagógico ao estudo médico-pedagógico.

As escalas de inteligência desenvolvidas por Binet e Simon contribuíram para a instalação definitiva da psiquiatria infantil como ramo separado da psiquiatria geral, e que classificaria os educáveis dos não educáveis. As definições de educável ou ineducável aplicadas às crianças, advindas dos testes de inteligência e das identificações dos graus de deficiência mental avaliados no momento do teste, afirmam a estreita ligação das propostas de tratamento da criança aos procedimentos pedagógicos, ou seja, o diagnóstico e o tratamento das crianças são formados por meio das suas habilidades, ou não para o aprendizado.

> O discurso social moderno cria uma criança cuja consistência está no fato de ela ser submetida a uma educação nova, que implica vigilância, disciplina, segregação. Que implica o surgimento da escola. Nossa criança é, por definição, escolar (Kupfer, 2001, p. 42).

O desenvolvimento da psiquiatria infantil foi marcado, como na psiquiatria dos adultos, pela institucionalização e segregação. O movimento antipsiquiátrico cumpriu importante papel ao questionar a institucionalização da loucura, assim como o poder do discurso médico sobre a doença e sobre o sujeito, denunciando o fracasso dos tratamentos. Especialmente no caso das crianças, as implicações da exclusão e as recomendações terapêuticas disciplinadoras mantêm-se ainda vigentes na educação de crianças ditas com Necessidades Educacionais Especiais. A medicalização e os diagnósticos descritivos são bastante empregados com as crianças e a diferenciação entre adultos e crianças torna-se quase nula quando se utiliza dos conceitos da psiquiatria biológica. No âmbito orgânico, praticamente, não existem diferenças entre adultos e crianças, uma vez que o histórico do paciente e sua história não terá nenhuma validade.

Famílias e crianças são frequentemente acometidas por diagnósticos que as classificam em termos do que lhes falta; tornando-se reféns do poder do monopólio do saber médico-pedagógico. Nesses casos, o conteúdo de seus sofrimentos ou de seus tratamentos não é direcionado para formas alternativas de apreciação da subjetividade, mas sim para treinamentos com caráter normalizante. Nesse sentido, não é novo o fato de que a educação esteja invadida pelos discursos científicos sobre a criança. Desde o início do século XX, esses discursos contribuíram não apenas para a construção de um discurso pedagógico normalizador, mas também para a consolidação de um conhecimento sobre a criança nos campos da psicologia, fonoaudiologia, psicopedagogia, psiquiatria, entre outros, todos marcados pelo biopoder.

Vem somar a esses discursos a psicologização do ensino que, juntamente com os encaminhamentos para especialistas feitos pelas equipes escolares, tem sido bastante discutida por vários autores. Tal fenômeno pode ser observado claramente nas crianças ditas hiperativas, ou seja, naquelas que possuem o Transtorno de Déficit de Atenção e Hiperatividade. Atualmente, o número de crianças diagnosticadas com TDAH[4] no ensino regular é alarmante[5]. A obtenção do diagnóstico pode ocorrer de várias maneiras; porém, a entrada da criança no ambiente escolar se constitui como um marco decisivo que evidencia o aparecimento de um transtorno cuja sigla (TDAH) conferirá aos escolares uma marca distintiva inconteste, não só pela adjetivação – hiperativo – pelo qual serão lembrados, mas, sobretudo pela terapêutica empregada.

---

[4] Lembrando que o diagnóstico do TDAH é considerado aqui como um dispositivo foucaultiano.
[5] O termo alarmante refere-se ao número exorbitante de vendas do medicamento metilfenidato que pode ser encontrado no Boletim de Farmacoepidemiologia, ANVISA/SNGPC, ano 2, n. 2. Acesso em: 1 nov. 2012.

O caminho que leva ao diagnóstico de TDAH e à prescrição da medicação *metilfenidato* pode ser observado de duas maneiras: no caso dos mais pobres, ou seja, aos menos favorecidos e usuários da rede pública de ensino, o diagnóstico tem início na escola a partir de alguma dificuldade de aprendizagem e/ou insubordinação correlata de um mau comportamento apresentados pela criança. A escola, então, se ocupa dos encaminhamentos médicos ou aciona o conselho tutelar para que o faça. Já no caso das crianças mais ricas, clientes do sistema privado de ensino, o ciclo é semelhante, com a exceção de que elas não estão vulneráveis à tutela e à vigilância do Estado. Nesse caso, a escola encaminha ao psicólogo ou diretamente a um médico, que se ocupa de confirmar o diagnóstico e prescrever o medicamento, visto que a criança é encaminhada com um pseudolaudo dado pela escola, indicando no aluno o que lhe falta (Diniz, 2009).

O diagnóstico do suposto TDAH é complexo pela ocorrência de comorbidades, como dificuldades de aprendizagem e transtorno de ansiedade e de conduta; além disso, depende fortemente de relatos de professores e pais, posto que nenhum exame laboratorial preveja esse tipo de diagnóstico[6]. A medicalização resulta de um processo de conversão de questões humanas e sociais em biológicas, transformando os problemas da vida, e no caso, os educacionais, em doença presente na criança.

O transtorno de atenção associado à hiperatividade se configura como uma patologia da criança que precisa ser tratada e medicada, no intuito de melhorar seu desempenho escolar[7]. Pouco se questiona sobre o processo de ensino-aprendizagem ou sobre a formação despendida aos docentes, que hoje se veem constrangidos por uma atmosfera cultural pouco reflexiva. Além do mais, que prioriza a circulação e o consumo de materiais pedagógicos padronizados pelo mercado, recentemente ofertados mediante o uso das Tecnologias da Informação e Comunicação (TIC) em detrimento dos processos formativos presenciais (Fairclough, 1992).

A relação estabelecida entre a criança com TDAH e o universo escolar é amparada pela própria descrição do transtorno e de seu tratamento, ofertado especialmente no chamado período de escolarização. Isso torna

---

[6] Boletim de Farmacoepidemiologia, ANVISA/SNGPC, ano 2, n. 2. Acesso em: 1 nov. 2012.

[7] Atualmente 10 a 12 % da população possui TDAH. O diagnóstico é embasado nos sintomas relatados pelo paciente e nas observações realizadas pelo professor e pela família, que são interpretadas por um especialista da área médica (Moysés; Collares, 2010). O mais interessante é a prescrição do medicamento durante o período escolar.

necessária a busca pela compreensão do que acontece com essas crianças na escola. Afinal, elas estão acorrentadas por um sistema educacional cada vez mais incapaz de acolher devidamente a subjetividade humana em sua singularidade, por se tratar de um sistema aprisionado pelas atuais demandas da sociedade neoliberal.

> Se a psiquiatria clássica, de forma geral, esteve às voltas com fenômenos psíquicos não codificáveis em termos do funcionamento orgânico, guardando espaço à dimensão enigmática da subjetividade, a psiquiatria contemporânea promove uma naturalização do fenômeno humano e uma subordinação do sujeito à bioquímica cerebral, somente regulável por uso de remédios. Há aí uma inversão não pouco assustadora, pois na lógica atual de construção diagnóstica, o remédio participa da nomeação do transtorno. Visto que não há mais uma etiologia (estudo das causas da doença) e uma historicidade a serem consideradas, pois a verdade do sintoma/transtorno está no funcionamento bioquímico, e os efeitos da medicação dão validade a um ou outro diagnóstico (Guarido, 2007, p. 33).

Ao voltar a atenção para a literatura referente à história médica do TDAH, a hiperatividade, a desatenção e a impulsividade criaram um verdadeiro engodo, a partir do qual o vínculo entre tais sintomas culminou no referido transtorno. A importância de cada um define a classificação, porém, a associação desses sintomas levou ao retrocesso do pensamento sobre a idéia de que há crianças não educáveis.

A criança com TDAH surgiu na literatura médica por volta da metade do século XX, no qual o transtorno foi primeiramente descrito como deficiência mental, depois como defeito no controle moral até chegar à encefalite letárgica. Nota-se que o diagnóstico do TDAH se situa em uma linha tênue entre as chamadas desordens nervosas e as disfunções da vida normal. Um exemplo clássico é a síndrome de encefalite letárgica que desafiou o conhecimento neurológico da época, da mesma maneira que o legitimou (Kroker, 2004).

Em seguida, na história oficial do TDAH, surge o dano cerebral mínimo, cuja classificação vai do transtorno de comportamento e linguagem à causa orgânica não específica. Na sequência, surge a disfunção cerebral mínima que, mesmo somada à desordem orgânica do comportamento, não conseguiu dar bases sólidas ao diagnóstico. Pelo contrário, ambas apenas revelaram sua vulnerabilidade perante sintomas tão abrangentes e imprecisos. Posteriormente, o que caracterizou o transtorno foi o seu caráter motor, seu excesso e sua fragilidade na inibição dos impulsos. Em 1957, o TDAH foi descrito como a síndrome do impulso hipercinético que, em 1960, foi renomeado como síndrome da criança hiperativa. Somente em 1970 o diagnóstico até então centrado na hiperatividade deslocou-se para o sintoma da desatenção, legitimando ainda mais a patologização de indivíduos que não se adaptam à norma social vigente e aos novos modelos de ensino-aprendizagem (Collares; Moysés, 2010). O que é interessante notar que exatamente aqueles que não se adaptam são os mesmos que expressam, de modo exemplar, o novo regime de atenção em marcha no sistema.

2.1 TDAH: uma "patologia" em gestação

Para Fleck (1979), a origem e o desenvolvimento de uma patologia científica seria um evento puramente objetivo e permanente, no qual a descoberta resulta do avanço tecnológico das ciências que o investigam. O autor rejeita a idéia de que haja alguma interpretação subjetiva do lado do cientista e sustenta a defesa de uma neutralidade absoluta. Desta forma, a patologia seria condicionada pelo pensamento de uma época, ou seja, datada e isenta de qualquer interferência do cientista, guiada pelo campo coletivo dominante.

Resgatar essa máxima de Fleck se deve ao fato de ele ter sido um pioneiro na construção de uma visão analítica sobre o trabalho científico. Sabe-se que conceitos como "doença", "normal" e "patologia" são considerados "verdades científicas" para a maioria dos pesquisadores – em específico os psiquiatras. Trata-se de privilegiar a objetividade via mensuração e, consequentemente, o controle de variáveis quantificáveis, assim como a suposta neutralidade das observações. É, sem dúvida, de um aspecto ideológico que até hoje persiste enquanto justificativa do discurso cientifico, aliado natural da classificação de novas doenças.

Na história da psiquiatria, ao longo dos últimos cinquenta anos, verificaram-se novos procedimentos diagnósticos propostos pelo Manual Diagnóstico Estatístico de Transtornos Mentais – DSM, assim como o aumento da medicalização como forma privilegiada de intervenção terapêutica. Observa-se é que as classificações etiológicas obedecem a uma "dita" desordem bioquímica cerebral, tornando a biologia fundamento inquestionável e incontestável da psicopatologia. Na pesquisa neurobiológica do

TDAH, isso pode ser observado claramente na ligação entre ciência, biologia e moral, que não separam o transtorno de atenção da hiperatividade numa visão considerada socio médica.

Para o discurso de validade biológica e, aparentemente, do TDAH, as contingências locais, morais, sociais e políticas de uma época não afetam a produção científica das patologias e as condições existenciais que as descrevem. Nesse sentido, toda e qualquer interpretação empírica não leva em conta fatores externos; ao contrário, renega essa ideia. De outra parte, as discussões desconexas que ocorrem no ambiente biomédico também se relacionam à constituição da patologia. Birman (1999) argumenta que um novo cientificismo começou a ser delineado a partir da psiquiatria biológica e da neurobiologia e que, nas décadas de 1980 e 1990, ganhou grande prestígio em função do impacto causado pelos novos psicofármacos. Esse referido cientificismo pode ser observado na construção do dispositivo diagnóstico TDAH e dos modelos identitários que o fortalecem.

O discurso médico, no qual se escora o TDAH, criou vínculos singulares e específicos, nos quais tudo se passa como se a hiperatividade e a atenção fizessem parte de um só plano, como um arranjo que permite a constituição do indivíduo atento/desatento e ativo/hiperativo na atualidade. Em uma análise, Roudinesco (2000) alerta que saímos do campo da subjetividade para entrar no campo da "individualidade", marcado por uma estratificação social e econômica, na qual a ênfase recai exclusivamente sobre o indivíduo que possui o déficit. Além disso, a proposta atual é a de uma política de negação que desqualifica os debates, a crítica e a controvérsia, restando ao sujeito o silêncio de ser portador de uma patologia.

A autora também observa uma progressiva aceitação do discurso médico-científico, marcado por uma psiquiatria biológica e cognitivista que teve início na década de 1950. Ademais, a concepção de tal discurso ressalta que o mental e o neural seriam duas faces de um mesmo evento e que os quadros psicopatológicos estariam ligados somente ao funcionamento cognitivo. Rheinberger (2000) se refere a essa consideração como um novo paradigma biológico molecular.

Assim, enquanto o DSM-I tinha em suas bases o pensamento de Adolf Meyer, o DSM-II foi estruturado com base na abordagem psicanalítica. Já a publicação do DSM-III concretizou definitivamente o pensamento psiquiátrico biologizante. Com essa publicação, a psiquiatria desenvolveu um dos mais impressionantes critérios de classificação de doenças e homogeneização de diagnósticos. Robert Spitzer foi o pesquisador responsável pela coordenação e produção do DSM-III, a partir do qual, para que um diagnóstico fosse definido, um determinado número de sintomas de uma tabela inicial deveria ser somado a um novo número de sintomas de outra tabela. Dessa forma, o médico deveria apenas observar os símbolos externos da patologia e agrupá-los na devida classificação. A quantidade de diagnósticos foi do mesmo modo, multiplicada e as referências a autores e teorias foram totalmente banidas. O manual revelou-se como emblema da autoridade e neutralidade científicas (Blashfield, 1998).

A psiquiatria teve, enfim, um caminho descritivo em direção à segurança ontológica, manual tinham como principal objetivo elaborar um sistema diagnóstico com ênfase em evidências científicas neutras e que fosse compatível com diversas teorias. Entretanto, embora o objetivo fosse oferecer uma ferramenta diagnóstica útil e unificadora, o produto final não foi neutro e completamente pluralista. Ele privilegiou um pensamento categorial que organiza distinções a partir de uma lógica de conjuntos, com a finalidade de definir os sintomas e condições que podem individualizar um comportamento como patológico (Rose, 2000).

Por outro lado, a própria psiquiatria foi condenada a inúmeras críticas por demonstrar que categorias clínicas eram mitos, muitos dos quais poderiam ser usados como ferramentas de exclusão e controle social. Tal reforma metodológica foi seguida pelo desenvolvimento imponente do saber neurológico e da indústria farmacêutica, que, por fim, afetou diretamente a clínica, que se apresentava cada vez mais submetida à farmacologia.

De outra parte, na psicofarmacologia, essa tentativa de categorizar tudo e todos foi alimentada pelo sonho da descoberta de fármacos que atuariam na correção neuroquímica e pontual, as patologias. Assim, a identificação de uma base genética para cada patologia estaria, mesmo que indiretamente, alimentando novas políticas de discriminação e exclusão.

Foi somente no conjunto da elaboração do DSM-III e das transformações acima mencionadas que o diagnóstico da Desordem do Déficit de Atenção (DDA) surgiu como uma divisão psiquiátrica. O antigo diagnóstico obscuro e problemático do transtorno de hiperatividade foi redefinido como uma desordem da atenção. A medida da atenção tornou-se, então, o aspecto decisivo do transtorno, alteração que se relaciona ao período em que a psiquiatria começava a assumir, claramente, sua forma mais biologizante.

> Efetivamente, o DSM-III não deveria servir senão a uma atividade de pesquisa, para estabelecer grupos homogêneos de pacientes, em vista de um estudo muito limitado no tempo. Entretanto, ele é utilizado para estabelecer diagnósticos "para toda a vida", pois serve para computar os prontuários (Lacan, 1989, p. 49).

Em meados dos anos 1960 e 1970, a hiperatividade foi amplamente analisada e estudada. Contudo, frente à psiquiatria que se afirmava, o transtorno trazia consigo alguns problemas, como seu diagnóstico que era impreciso e ainda muito subjetivo. Assim, foi necessário construir uma nova categoria diagnóstica, com símbolos mais objetivos e claros. Nesse contexto, o déficit de atenção passou a ser analisado como aspecto definidor da patologia TDAH, e não mais a hiperatividade.

Se, de um lado, a tentativa era de implantar um modelo único de ciência, ancorado em uma visão biologizante; de outro, novos parâmetros para a produção de conhecimento teriam apontado para a necessidade de superação das dicotomias que pudessem subsidiar a compreensão, por meio do senso crítico, das práticas daqueles que realizam um trabalho voltado às crianças portadoras do suposto diagnóstico.

Nesse sentido, a sociedade como um todo, e a escola, como lugar privilegiado, se viram mergulhadas em uma ambiência laboratorial da indústria farmacêutica, que passou a transformar problemas cotidianos em patologias, como no caso do dispositivo TDAH e sua "cura", supostamente obtida com a medicação metilfenidato. A questão principal das crianças ditas hiperativas é que o diagnóstico tem sido realizado a partir da observação do comportamento da criança. Ou seja, o diagnóstico tem como foco a percepção "crua" e totalmente subjetiva, baseada nos padrões do observador ou professor, feita no ambiente escolar. Trata-se de uma promoção da doença, sem dados científicos, que confirma um diagnóstico visando um ideal de sujeito/aluno. Pode-se dizer, assim, que o TDAH tornou-se parte da integração gradual do modelo médico e do olhar clínico nas instituições de ensino, a fim de "resolver" problemas educacionais.

Enfim, ignoram-se as particularidades das queixas para atender o atual projeto de uma sociedade "feliz", na qual o mal-estar não é suportável, uma vez que, as expectativas de aprendizagem não são atendidas. O aluno é logo classificado em uma etiologia médica, tornando-se, portanto, portador de uma doença da qual é o único responsável. Esse encargo em construir o indivíduo por meio de uma doença traz consequências sérias, que certamente afetam o desenvolvimento infantil e trazem mudanças ao conceito de infância. Este, por sua vez, passa a se associar aos conceitos de saúde promovidos pela cultura e potencializados pelo poder da indústria médico-farmacêutica.

Dessa forma, o sistema educacional, que se apresenta em uma enorme crise com recursos escassos e uma formação docente problemática, não deveria ser o articulador desse jogo. Isso porque se apresenta como um lócus de cultivo e de reprodução desses ideais, que arrastam a escola para um colapso ainda maior. Tudo ocorre como se a escola fosse ainda disciplinar – ao menos em termos de expectativas – e a sociedade desempenhasse o papel de agente operador dessa biopolítica. Quando os professores relatam que as crianças diagnosticadas e medicalizadas têm um desempenho melhor, deve-se questionar a natureza do diagnóstico, bem como a medicalização dessas crianças e dessa suposta melhora. Essa melhora, na verdade, parece traduzir o fato dos agentes educacionais não mais suportarem o peso do caos educacional, identificando o comportamento adaptado e/ou apático como sinônimo de "saudável".

Há também vertentes que se respaldam em explicações etiológicas oriundas da neurociência. Os estudos partem do substrato neurobiológico do TDAH (Rohde, Ketzer, 1997) ou se baseiam em torno dos sistemas neurotransmissores. Porém, com o avanço da neuroimagem, passam a não condizer com as justificativas. Todavia, gestam o uso de psicofármacos para avaliar e melhorar o funcionamento cerebral, promovendo e acelerando ainda mais o uso de psicoestimulantes para uma vida considerável sadia. As explicações orgânicas se difundem e fazem parte do discurso do senso comum, tomando conta de toda a vida cotidiana e dando a ideia de que muitas formas de sofrimento psíquico podem ser curadas e tratadas biologicamente ou quimicamente, em um contínuo apaziguamento do mal-estar inerente à condição humana.

Os novos diagnósticos psiquiátricos definidos a partir do DSM-V, lançado em 2013, abrem um leque ainda maior de possibilidades para a doença mental, que agora parece acolher potencialmente a todos. Para tudo e todos, há uma droga à venda no mercado, com a promessa de restaurar a felicidade tão almejada pela sociedade atual.

Alguns psiquiatras acham que o espaço do "normal" está sendo perigosamente extinto na atualidade. Um dos mais importantes pesquisadores do DSM, Allen Frances[8], que esteve à frente da edição anterior do DSM-IV, publicada em 1994, tornou-se um crítico terminantemente ativo e intenso não apenas do novo guia, o DSM-V– considerado a bíblia da psiquiatria –, mas também do que ele mesmo assinou. Em *Saving Normal* (*Salvando o Normal*), traduzido para 12 idiomas, Frances questiona o manual que é referência para psiquiatras do mundo no diagnóstico de transtornos mentais. Para Frances, dificuldades diárias ganharam nomes de distúrbios no DSM-V. Como resultado, uma legião de pessoas usam remédios sem necessidade, influência certa da indústria farmacêutica. Afinal, os critérios de diagnósticos são tão "frouxos" que podem sofrer pressões de setores interessados a todo o momento.

O autor[9] alega que diagnósticos flexíveis estão ocasionando uma medicalização da vida e culpa o próprio trabalho por três novas falsas epidemias de transtornos mentais em crianças, a saber: autismo, transtorno bipolar e déficit de atenção. Tais afirmativas foram feitas sobre a edição anterior, avaliada como conservadora. Atualmente, com uma edição ainda mais ousada, que garante novos paradigmas para a psiquiatria, a preocupação é que a elasticidade tenha ido longe demais; posto que a indústria farmacêutica promove doenças e tenta convencer indivíduos de que precisam de remédios. Eles gastam bilhões de dólares em publicidade enganosa para promover doenças psiquiátricas e impulsionar a venda de medicamentos. Afinal, uma tristeza normal se tornou "transtorno depressivo maior"; um esquecimento típico da idade tornou-se "transtorno neurocognitivo leve"; as birras usuais do temperamento infantil se tornam "transtorno disruptivo de desregulação do humor"; exagerar na comida virou "transtorno da compulsão alimentar periódica"; e a preocupação com um sintoma médico foi transformada em "transtorno

---

[8] Allen Frances (Nova York, 1942) dirigiu durante anos o Manual Diagnóstico e Estatístico (DSM), documento que define e descreve as diferentes doenças mentais. Esse manual, considerado a bíblia dos psiquiatras, é revisado periodicamente para ser adaptado aos avanços do conhecimento científico. Frances dirigiu a equipe que redigiu o DSM IV, ao qual se seguiu uma quinta revisão que ampliou enormemente o número de transtornos patológicos. Em seu livro *Saving Norma* (inédito no Brasil), ele faz uma autocrítica e questiona o fato de a principal referência acadêmica da psiquiatria contribuir para a crescente medicalização da vida. Disponível em: http://www.freudiana.com.br/destaques-home/perigosa-industria-das-doencas-mentais-uma-entrevista-allen-frances.html. Acesso em: 15 jan. 2015.

[9] Disponível em: http://brasil.elpais.com/brasil/2014/09/26/sociedad/1411730295_336861.html. Acesso em: 7 dez. 2014.

de sintoma somático". Em breve, todos terão "transtorno de déficit de atenção e hiperatividade" (TDAH) e tomarão psicoestimulantes.

Como modo de frear essa tendência, Frances diz que se deve conter melhor a indústria e educar de novo os médicos e a sociedade, que aceitam de forma muito acrítica as facilidades oferecidas para se medicar, o que está provocando a aparição de um perigosíssimo mercado clandestino de fármacos psiquiátricos. Além disso, sobre o TDAH e a medicação prescrita, metilfenidato, o pesquisador diz que não há evidência de que, a longo prazo, a medicação contribua para melhorar os resultados escolares e nem que, a curto prazo, possa acalmar a criança e ajudá-la inclusive a se concentrar melhor em suas tarefas.

Assim, é necessário aceitar que há diferenças entre as crianças e que nem todas cabem em um molde de normalidade, que se torna cada vez mais estreito. É muito importante que os pais protejam seus filhos do excesso de medicação, afinal, é fácil fazer um diagnóstico errôneo, mas muito difícil reverter os danos que isso causa.

Faz-se necessário, então, evitar que categorias diagnósticas sejam tomadas como resultado natural do avanço do saber médico. Além disso, se faz crucial a utilização de conhecimentos oriundos do campo das Ciências Humanas e da Saúde para que se possa, então, apontar uma visão crítica aos fatores científicos, sociais e ideológicos que sustentam o fenômeno do TDAH. E, desse modo, avaliar o seu impacto na clínica, nas políticas públicas, na escola e na família. Dessa forma, pode-se "[...] descobrir por que a humanidade, em vez de entrar em estado verdadeiramente humano, está se afundando em uma nova espécie de barbárie" (Adorno; Horkheimer, 1985, p. 11).

Nesse sentido, foi a partir da medicina, orientada pela abordagem organicista e cunhada pela psicologia, que surgiu a primeira teorização sobre as dificuldades de aprendizagem no final do século 19. Trata-se de um momento marcado pela busca de respostas médicas aos problemas pedagógicos encontrados no ambiente escolar. Essa pesquisa passou a buscar, nas disfunções neurológicas ligadas ao desenvolvimento do sistema nervoso, explicações para o fracasso de boa parte de crianças, nomeadas com novos diagnósticos. A partir dos quais, elas foram identificadas enquanto portadoras de diversas patologias do "não-aprender".

A consequência desse tipo de nomeação foi a produção exacerbada da psicologização e da medicalização dos problemas escolares, que não deixou de gerar, como dito anteriormente, enormes prejuízos. Todo esse material produzido e divulgado pela indústria, instrumentalizou de certa maneira, muitos docentes a fornecerem pseudodiagnósticos, que, de forma indistinta, separa as crianças que irão aprender e as que não conseguirão fazê-lo. Ao assim procederem, não se dão conta que, anunciam impetuosamente o futuro fracasso escolar, atestando assim o déficit do lado do sujeito/aluno.

Patto (1993), em seu livro *A Produção do Fracasso Escolar*, mostra que o fracasso escolar da maioria das crianças não pode ser justificado por suas histórias individuais. Trata-se de um processo histórico que, como diz Aquino (1997), resulta de uma espécie de embotamento institucional, no qual a escola tem permitido que seu rol de competências fique à deriva de outras instituições. O fracasso escolar acontece no entrecruzamento de várias histórias: a da classe, da professora, da criança, do projeto político pedagógico, dos artigos e livros que têm sido publicados na época, da política educacional, entre outras.

Somando-se aos discursos da pedagogia, da psicologia e da medicina que adentraram a escola, ocorreram as mudanças no interior da família. Foram inúmeras e datam da metade do século 19. Com a segunda Guerra Mundial, em que os homens foram convocados para as frentes de batalha, a necessidade econômica, combinada a fatores culturais e sociais, obrigou a mulher a assumir a posição do homem no trabalho passando a trabalhar fora de casa. Aos poucos, a mulher sentiu a necessidade de ampliar seu campo de trabalho, passando a participar de atividades profissionais, educativas, culturais, artísticas e políticas, ingressando também em maior número nas universidades. Esse novo arranjo familiar trouxe diferentes implicações no campo da infância.

> A família, após a tipografia, assumiu-se também como instituição educacional, passando a valorizar e investir com mais freqüência nas crianças. Diferenças importantes entre a criança e o adulto baseavam-se no fato de os adultos estarem de posse de informações que não eram consideradas adequadas às crianças. Enquanto o conceito de criança se desenvolvia, desenvolvia-se a idéia de que a criança era um adulto não formado e que, por esse motivo, precisava ser civilizada e treinada nos modos dos adultos. À medida que o livro e a escola formavam a idéia de criança, formava-se o moderno conceito de adulto, que recebeu a tarefa de preparar a criança para a administração do mundo simbólico do adulto (Postman, 1999, p. 94).

Com a saída dos pais de casa para exercerem suas atividades profissionais, surgiram as creches como uma "solução" para o cuidado dos filhos pequenos. A creche surge acompanhando a estrutura do capitalismo, a crescente urbanização, e a urgente necessidade da reprodução da força de trabalho.

Assim, inicia-se, o processo de "terceirização" da educação das crianças, que passou a ser exercida, em menor medida, pelos pais e que, até hoje, é fonte de muitos conflitos. Padrões de comportamento diferenciado começam a ser identificados nas crianças que se desenvolvem na sociedade atual, decorrentes tanto de uma maior ausência dos pais nas rotinas quanto da terceirização desses cuidados. Esses cuidados não dizem respeito apenas à alimentação, higiene e estímulo físico, mas também a inserção de afeto e de limites na educação da criança. Isso fez com que muitas famílias, consciente ou inconscientemente, a delegarem à escola o papel de educar no sentido de ensinar valores, regras e comportamentos, uma atribuição que antes era exclusiva dos pais. Um exemplo emblemático dessa nova condição de existência das famílias é a invasão dos objetos resultantes dos avanços tecnológicos, que fazem parte do seu cotidiano. Computadores, laptops, telefones celulares, tablets, videogames e tantos outros acessos possíveis com as novas Tecnologias da Informação e da Comunicação (TIC) contribuem para desafiar e modificar o relacionamento e a comunicação no interior da família; bem como entre a família e a escola, que hoje se veem reféns dessas tecnologias, como se tais tecnologias pudessem garantir o bem-estar da criança e de todos.

A família, encolhida, recebe interferências externas, positivas ou negativas, com as quais está constantemente interagindo. Houve uma grande inversão nas demandas entre essas duas instituições. Em vez de ajudar na tarefa de educação das crianças e cumprir o seu papel social, a escola se vê agora na obrigação de educar os filhos das famílias que, atualmente, não têm tempo ou condições de fazê-lo. Contudo, como pensar uma escola que possa dar conta de assumir tal compromisso e, em grande medida, substituir o papel da família? A tarefa da educação dos filhos ainda está reservada à família em primeiro lugar. Restando ao poder público, e de forma secundária, a garantia da saúde, educação, proteção, entre outras responsabilidades que cabem ao Estado.

Muitas das dificuldades em estabelecer limites aos filhos são atribuídas aos discursos da psicologia e da pedagogia, e é certo que ambas têm seu quinhão de responsabilidade sobre isso. A psicologia difundiu a ideia segundo a qual tolher a criança poderia se compor em fonte de traumas. Para os leigos, isso foi compreendido como algo ruim, e não como algo constitutivo do sujeito e, portanto, essencial. Por outro lado, a pedagogia, com a máxima do "aprender a aprender", induziu ao pensamento de que a criança aprende sozinha, fazendo do professor um mero monitor ou tutor, no sentido de ser somente o "auxílio" para que o aluno aprenda por meio das TIC. Com isso, o papel do professor foi esvaziado de sentido e de toda autoridade educacional, tornando ainda mais crítica a inversão desses papéis.

> A formação cultural, na família e na escola, desenvolvia-se socialmente da mesma maneira como, para Freud, se fortalecia o princípio do ego, da autonomia. Da identificação com a figura do pai e, ao mesmo tempo, do conflito, da ruptura com a figura do pai, o ego se afirmava e se formava. Pela integração aos valores culturais da tradição, mediados pelo pai e pelo professor, ao mesmo tempo, pela reação à tradição e pela afirmação de novos valores, intermediados pelo social, pelo progresso, o jovem adquiria condições de se formar culturalmente. Com o enfraquecimento da autoridade do pai — que agora tem que dividir com a mulher, também profissional remunerada, o poder econômico na família, dividir com os atores da televisão e com os super-heróis das revistas de quadrinhos, o papel de modelo a ser imitado — debilita-se o processo formativo Uma autoridade enfraquecida não merece ser seguida, muito menos questionada. As condições para se formar um ego forte, autônomo são tolhidas na fonte. E um ego enfraquecido é uma presa mais fácil para o sistema (Pucci, 2009, p. 2).

Dessa forma, parafraseando Postman (1999), a sociedade na atualidade é marcada pela invasão das TIC, especialmente da televisão, que tem homogeneizado informações e entretenimentos ao público, caracterizando um novo tempo. As fronteiras que separavam um universo do outro estariam desaparecendo e surgindo uma proximidade entre o mundo das crianças e o dos adultos. As diferenças são quase inexistentes. É possível notar a presença de crianças "adultizadas" e de adultos "infantilizados", situação que permite indagar ainda mais sobre a ocorrência de um processo de desaparecimento da infância, como apontou o autor.

Desse modo, caberia à escola o papel de escolarização. Por isso, se a família não cumpre aquilo que lhe é devido, ou seja, a educação de seus filhos, a escola não dará conta de realizar a sua tarefa em promover o conhecimento historicamente acumulado. Obviamente não cabe à escola se furtar dessa tarefa, posição, que muitas vezes, lhe é confortável. Porém, hoje se faz necessário certa parceria em que a escola possa auxiliar na "formação" dos pais, posto que muitos se encontram desorientados devido aos inúmeros discursos da psicologia, da pedagogia e da medicina, como dito, sobre como educar. Levando os pais a um estado de submissão aos filhos em que se deflagra claramente uma infantolatria[10], na qual os filhos detêm certa autoridade sobre os pais.

É extremamente necessário ensinar os pais a não permitirem que seus filhos façam escolhas tão cedo. Isso pode se revelar perverso e, também, covarde. Não educar, ao contrário, priva a criança de aprender regras e limites. E aceitar o "não" será necessário inúmeras vezes ao longo da vida. Nesse sentido, o que se nota é que parte dessas crianças é criada por famílias que não têm nenhuma autoridade sobre elas, ocasionando situações em que elas decidem se irão estudar e até que horas; decidem do que irão se alimentar e em qual momento, a que horas irão dormir e que programas de televisão ou quais videogames irão ocupar o seu tempo, entre outros.

Entretanto, a escola é o lugar em que a criança encontrará um obstáculo para essa falta de limite. Pois, ao entrar na sala de aula, logo se deparará com uma série de regras que deverão ser seguidas e com a autoridade do professor, que deverá ser respeitada para que a função docente possa ser cumprida. Situação que tem sido um grande problema na atualidade, uma vez que, o professor já não ocupa essa posição. Devido às transformações na vida privada e à concomitante terceirização da educação, o educador se vê às voltas com demandas que não lhes são próprias. Esse cenário apenas favorece as circunstâncias por meio das quais as crianças são fisgadas pela indústria cultural que incute padrões e ideais a serem alcançados ou adaptados. Posteriormente, se a criança não se adaptar, tornar-se-á presa fácil para a lógica da indústria médico-farmacêutica. Por isso, o dispositivo do diagnóstico TDAH, entre outras patologias, é tão facilmente utilizado.

Os rótulos variam, mas a consequência é a mesma: trata-se da imputação à vítima, da responsabilidade pelo seu "não-aprender". Não se trata

---

[10] Néder (2012) define infantolatria como a instituição da mãe como súdita do filho e o adulto se colocando absolutamente disponível para a criança.

de deslocar a responsabilidade das crianças aos professores. O que acontece atualmente na escola possui uma longa história e faz parte de lutas que se travam em diversos espaços da sociedade. Afinal, como poderia ser diferente para o professor que foi ensinado a ver as crianças com as lentes deformadas da patologização? O que se nota é a dificuldade em desconstruir a falsa idéia de que as crianças e os jovens não aprendem por terem "problemas de saúde".

2.2 A evolução do TDAH e sua socialização

As primeiras descrições sobre o TDAH apareceram no início do século XX, mas foi somente após a década de 1970 que ganharam destaque nos manuais diagnósticos. A trajetória histórica do TDAH é extensa, mas somente no sistema classificatório atual, representado pelo DSM-IV (1995), é que se encontra a nomenclatura do TDAH. A aceitação social de tal diagnóstico pode ser observada na vida cotidiana e profissional e tem uma grande credibilidade. Isso uma vez que, desde 1992, foi respaldada pela Organização Mundial de Saúde (OMS), por meio da Classificação Internacional de Doenças (CID 10), de modo a reforçar a ideia de que o TDAH deve ser compreendido como um dispositivo criado e sustentado pela sociedade atual.

Historicamente foi na década de 1940 que surgiu a denominação "Lesão Cerebral Mínima" (LCM); denominação que, em 1960, foi modificada para "Disfunção Cerebral Mínima" (DCM). Ambas as terminologias abarcavam o mesmo conjunto de sintomas que compõem o quadro do TDAH. A mudança de nomenclatura de "Lesão Cerebral Mínima" para "Disfunção Cerebral Mínima" foi concretizada em virtude da ausência de comprovações empíricas acerca de uma lesão no aparato cerebral. A esse respeito Collares e Moysés (1994) relatam que em 1962 os resultados de pesquisas de vários grupos de estudo não conseguiram detectar lesão alguma. Nessa ordem, os pesquisadores admitiram estar equivocados e optaram pela troca da nomenclatura. Tal modificação foi bastante criticada pelas autoras, que apontaram a ausência de uma postura científica dos pesquisadores que contemplasse alguma criticidade acerca das etiologias.

Nessa mesma época, o governo dos Estados Unidos financiou um projeto educacional que tinha por objetivo elaborar diretrizes diagnósticas para os desvios de comportamento e dificuldades de aprendizagem de crianças. É importante ressaltar que essas crianças apresentavam uma capacidade intelectual na média ou acima da média, ou seja, eram crianças intelectualmente não-deficitárias, mas que passaram, a partir dessa pesquisa, a serem consideradas como portadoras de lesões ou disfunções neurológicas leves. A nomenclatura DCM foi razoavelmente aceita porque tal diagnóstico diferenciaria as crianças da categoria clínica de "retardo mental", ou mesmo da "teoria da carência cultural" utilizada para explicar o fracasso escolar das crianças de classes menos favorecidas.

Um retorno à história oficial da área médica e da biologia da moral, no início do século XX, auxiliará na compreensão do surgimento do TDAH nos momentos históricos que vincularam as patologias da atenção, do movimento e da vontade.

A história conta que, na literatura médica, o TDAH foi primeiro um defeito do controle moral. O cenário de sua aparição foi a capital inglesa na virada do século 19, mais especificamente, o *King´s College Hospital*, no ano de 1902. Nesse sentido, a obra de George Still é o marco obrigatório. Considerado por seus comentadores o primeiro pediatra inglês, Still foi também o primeiro professor de doenças infantis no *King´s College Hospital* e autor de vários livros sobre o comportamento infantil. Ele ficou famoso pela descrição da artrite reumatóide crônica em crianças, patologia que ficou conhecida como a doença de Still.

As duas pesquisas legitimaram a patologia moral como uma condição mórbida, independente e real, porque essa seria biológica e cerebral. O objetivo era encontrar a sede fisiológica da vontade, da moral e do autocontrole. As possíveis similaridades entre o TDAH e a condição analisada por Still foram repetidas em inúmeros estudos. O autor foi um, dentre muitos outros, que postulou a existência de uma patologia moral específica marcada pela desobediência às regras e consensos sociais. Seu nome pode ser incluído na história da naturalização da moral e moralização do natural (Caliman, 2006).

Still (1902) analisava os defeitos do controle moral em crianças, resultantes de falhas no desenvolvimento mental. A ciência médica acreditava que o controle moral normal sempre estava em conformidade com a idéia de bom ou de bem comum a todos (Still, 1902) e tal controle inibia as forças espontâneas e instintivas opostas à ideia de bem comum a todos. Mas, nas crianças analisadas em seu estudo havia um defeito moral. A constituição do controle moral dependia da ação conjunta da cognição, da consciência moral e da vontade. Quando uma delas não funcionava, seu desenvolvimento seria prejudicado.

Para Still, somente a disfunção resultante do defeito da vontade inibitória caracterizaria uma patologia moral específica. O defeito moral seria então constitutivo quando manifestado em imbecis e idiotas, mas, em sua forma mais pura, ele resultava das disfunções de um cérebro moralmente desordenado. O controle moral modificava de criança para criança. Nem sempre é possível demarcar uma linha precisa entre seu funcionamento normal e anormal, pois essa demarcação, dizia Still, é extremamente arbitrária. Em algumas crianças, sua deficiência era tão extrema e inaceitável para os padrões sociais da época que ela deveria ser mórbida.

No entanto, nenhuma prova empírica oriunda da pesquisa neurofisiológica sustentava sua hipótese. As evidências que mostravam a existência do distúrbio moral derivavam da decisão social sobre o que era tolerado ou não, sobre o que se encaixava ou não em sua racionalidade. Na decisão sobre a presença ou ausência da patologia moral, eram analisados:

1. o grau excepcional e excessivo do defeito moral;

2. a ausência de correspondência entre o ambiente da criança e seu comportamento (por exemplo, uma criança rica que tinha o costume de roubar coisas);

3. a presença de comportamentos nocivos sem motivos justificáveis;

4. a falha ou insuficiência da punição como ato corretivo; e

5. a consideração da história familiar e do ambiente de criação da criança.

Frequentemente, as crianças estudadas tinham algum parentesco com algum portador de um tipo de problema existente na sociedade da época, como epiléticos, imorais, alcoólatras, suicidas, insanos, mentalmente fracos ou sexualmente problemáticos. Eram também notadas certas anomalias físicas como a cabeça maior do que a média. Essas anotações de Still eram resultado da análise clínica de 20 crianças nas quais se procurava identificar graus mórbidos de:

(1) fúria emotiva,

(2) crueldade e malícia,

(3) inveja,

(4) ausência de lei,

(5) desonestidade,

(6) promiscuidade e destrutividade,

(7) ausência de modéstia e vergonha,

(8) imoralidade sexual, e

(9) vício.

Essas crianças revelavam uma necessidade doentia de autogratificação, pela qual não se considerava o bem dos outros, mas somente o próprio bem. Entre os sintomas listados acima, os que mais se manifestavam eram a fúria emotiva e a malícia, geralmente perante desconfortos ou maus tratos, essencialmente por meio do exercício de crueldade com outras pessoas ou com animais indefesos.[11]

Além dessas características, a resistência à disciplina e à autoridade na escola, no lar e em outros ambientes era comum, com isso Still descobriu o defeito neurofisiológico da vontade e da moral e suas bases cerebrais. Mesmo com o postulado afirmando a realidade biológica da patologia da vontade e da moral, em Still, as explicações sobre as causas da doença eram muito vagas. Nesse sentido, não deveria ser considerada válida a hipótese da lesão cerebral caso ela fosse uma condição necessária para o aparecimento do defeito. Sem essa hipótese, qualquer intervenção intensa no funcionamento cerebral, o bastante a ponto de alterar sua nutrição celular, poderia causar o distúrbio moral.

Outro fato que não é considerado na história oficial do TDAH é a particularidade específica na situação descrita por Still, a de que não era um problema específico da atenção e da hiperatividade. É importante notar que, na lista dos nove sintomas mais importantes mencionados acima, observa-se que a desatenção e a hiperatividade não estão incluídas. Still citava o médico inglês William James quando estabelecia tal conexão entre a desatenção, o defeito moral e a patologia da vontade, pois para ele, a atenção era um processo principalmente vindo da vontade.

---

[11] O estudo de Still também não descreve como ele identificava nem como ele aferia os graus de morbidade presente nestas crianças.

Confirmada dessa maneira a sua hipótese, Still lembrava que certas crianças avaliadas não conseguiam sustentar a atenção; porém, essa falta de atenção se tornou um fator primordial na descrição dos relatos. Em sua opinião, ela era importante na medida em que, teoricamente, confirmava que o transtorno era causado pela deficiência da vontade inibitória.

No processo de naturalização da moral, alguns médicos vinculavam o problema prático e social do indivíduo moralmente defeituoso ao quadro patológico do indivíduo mentalmente fraco e do imbecil. Nos estudos, eram descritas deficiências mentais menores que a imbecilidade, via-de-regra associadas à criminalidade.

No *Relatório da Comissão Royal sobre o Cuidado e o Controle do Mentalmente Fraco*, de 1904, lê-se que as pessoas de mente fraca eram capazes de manter suas vidas sob circunstâncias favoráveis, mas incapazes de competir em igualdade com seus pares e de gerenciar suas vidas com prudência, devido a um defeito mental existente desde o nascimento.

Dessa forma, os imbecis morais eram pessoas que, desde novas, apresentavam um problema mental relacionado à disposição ao vício e ao crime. Para essa classe de pessoas, a punição geralmente não surtia efeito. Embora as classificações do imbecil moral e do mentalmente fraco eram distintas, porém não era simples conseguir distingui-las. Smith (1991) demonstrou que a classe da imbecilidade moral não deveria ser considerada nem legal nem médica; apenas algo que teve origem nas observações médica das prisões inglesas, onde os médicos estavam interessados na avaliação dos prisioneiros criminosos, nos quais a punição não surtia efeito.

Potts (1904), por seu turno, explicou as bases do problema em uma publicação no *The Lancet*. As causas principais da fraqueza mental seriam a desnutrição nos primeiros anos de vida e a herança genética de atitudes criminosas, alcoolismo e insanidade. Os sujeitos que tinham essa fraqueza mental possuíam uma responsabilidade enfraquecida, não tinham senso de honra nem de vergonha e geralmente eram preguiçosos e egoístas. Os casos femininos se destacavam para esse autor, nos quais as insanas morais eram garotas muito inteligentes, porém sem senso de honra e de modéstia. Eram, normalmente, mulheres jovens sem vontade de ascender à educação moral e religiosa. Por isso, eram consideradas garotas insanas morais e acometidas frequentemente por paixões baixas e descontroladas.

Os relatos da patologização da infância imoral são ainda mais antigos. Essa apreensão em relação à vida moral e educacional da criança é um tema médico desde o início do século 19, quando a insanidade moral foi determinada como desordem do controle moral, sem ser apresentada como um déficit cognitivo. Tal diagnóstico foi amplamente usado para o meio infantil. Esse termo foi alterado mais tarde para o já mencionado imbecil moral, o que alavancou a internação de várias crianças e adolescentes amorais e imorais nos hospitais psiquiátricos.

O discurso de Still atrelava-se a muitos discursos e práticas que marcaram a ciência e a sociedade de seu tempo, entre os quais constam o desenvolvimento de uma preocupação científica, médica, econômica e social com a infância. As exigências dos saberes legais, bem como a obrigação política e moral de encontrar soluções para problemas como a prostituição, alcoolismo e delinquência, criaram a condição mórbida que Still descrevia.

Em relatos sobre a imbecilidade e imoralidade infantil, iniciados vinte e quatro anos antes dos estudos de Still, Rafalovich descreve as bases do problema que mais tarde fariam parte da história da criança com TDAH: a tentativa de biologização e patologização da moral. Assim, Still manteve um enfoque neurológico que pode ser incluído na vertente que tentou resolver o problema metafísico, metodológico e social do anseio pelo reducionismo fisiológico. Porém, ao falar dos motivos da patologia da moral, o médico inglês utilizava semelhanças teóricas e conjecturas metafísicas. Seu argumento não tinha como base nenhuma descoberta científica específica, e a neurologia descrita por ele não era nada precisa.

Além disso, a solução neurológica não era a única disponível. Na Inglaterra do final do século 19, todos os componentes para uma avaliação mais compreensiva sobre as crianças moralmente deficientes estavam presentes, ainda que dispersos, pois houve um reconhecimento da necessidade iminente de uma discussão mais profunda para a delinquência juvenil. A definição da educação obrigatória aumentou o número de crianças que não conseguiam se enquadrar nas obrigações escolares e a crença de que os problemas de tais crianças demandavam um trabalho multiprofissional se fortaleceu. Já existiam clínicas experimentais nas quais médicos e psicólogos trabalhavam juntos, e alguns psiquiatras começavam a reconhecer que crianças e adolescentes tinham problemas diferentes dos adultos, e necessitavam de serviços separados. O solo estava formado para a irrupção de novas teorias do comportamento e novos conceitos sobre a infância.

Segundo a análise de Fuchs (2004), porém, não foram os conhecimentos da psicologia do desenvolvimento e da pedagogia experimental que estimularam uma reforma ampla na educação. Essas ciências nunca produziram dados que fossem traduzíveis em propostas práticas. Um exemplo clássico foi a teoria educacional de Johan Friedrich Herbart, a principal teoria pedagógica da Alemanha, que na segunda metade do século 19 deixou claro que moral e corpo deveriam ser consideradas entidades separadas. Para ele, a escola deveria ter um cometimento estritamente moral. O que revela tão somente que, historicamente, na prática educacional, institucional e terapêutica, os métodos morais de submissão da natureza nunca foram exceção. A forma de adestramento da vontade e da atenção, entretanto, foi mais enfatizada. O aprendizado sobre ordem e regularidade sempre foi exigido, além de exercícios físicos e de outras técnicas implementadas pelos higienistas. A fraqueza moral infantil foi abordada por meio de disciplina e distanciamento da vida impudica.

Na primeira metade do século XX, a distinção e a separação entre as teorias psicodinâmicas e biológicas nem sempre foram possíveis, mas isso não é visível no discurso oficial do TDAH. Esse discurso relata a história da ascendência do pensamento biológico e das divergências entre as causas orgânicas e reais da patologia, bem como suas cópias sociais e psicológicas. Porém, tal argumento não é sólido e podemos contradizê-lo, mesmo quando avaliamos as categorias diagnósticas mencionadas, conforme a história que as legitima.

Esse quadro mudou por volta de 1920, com maior aceitação da psicologia sobre comportamento infantil. O problema moral não foi mais solucionado pelo aprendizado do autocontrole, mas pelo tratamento psicológico e médico. Nos anos 1930 e 1940, a mudança de conceituação sobre a doença mental infantil para a ótica médica e psiquiátrica teve como base a análise das relações familiares patogênicas. Nesse sentido, Porter (2001) e Bakker (2001) descrevem um dos primeiros métodos de medicalização da conduta amoral infantil.

Entre as décadas de 1920 e 1930, surgiram, na literatura médica de diferentes países, muitas teorias para explicar biologicamente a síndrome hipercinética. Para Nefsky (2004), as teorias mais importantes e com maior contribuição foram as de Kahn e Cohen sobre a existência de uma impulsividade orgânica, teorias que também estão incluídas no relato da história do TDAH. Para Kahn e Cohen (*apud* Nefsky, 2004), a presença da causa biológica não eliminava as bases psicológicas do transtorno.

Quanto à encefalite letárgica na história do TDAH, devemos ter em conta que a epidemia da encefalite foi uma infecção misteriosa. Até hoje não desvendada, surgiu nos últimos anos da Primeira Guerra Mundial e desapareceu por volta de 1940, ao ser classificada como uma síndrome amorfa de interesse marginal (Kroker, 2004). Ainda que a encefalite tenha sido citada como um dos principais diagnósticos precursores do TDAH, nem sempre se comenta a similaridade entre as duas patologias. Ambas incluem em suas definições uma quantidade de sintomas muito diversos, que se tornaram pauta em variadas agendas da saúde pública e foi objeto de um vultoso investimento financeiro. Geraram também uma produção científica e acadêmica de grande escala sobre o corpo e o cérebro e exerceram um poderoso efeito, pois ambas se basearam na pesquisa cerebral dos processos inibitórios, reforçando a avaliação neurofisiológica da doença mental.

Para o debate científico, as tecnologias visuais eram tidas como a essência do progresso científico na primeira metade do século XX. No caso da encefalite, as tecnologias de visualização de imagens, foram agregadas ao estudo da infectologia e da bacteriologia que pesquisavam a causa da doença ou seu agente – o qual ainda era oculto, o que gerou um entrave para verificação da verdade. Mas as tecnologias de imagem cerebral para a visualização objetiva da causa da patologia são uma promessa que, na história recente do TDAH, também permanece invisível. A encefalite era uma patologia mais útil e atraente para os neurologistas pelo fato de ter sido considerada uma epidemia de importância pública.

O elo entre neurologia, bacteriologia e saúde pública poderia ser justificado naquele momento. A encefalite passou a chamar a atenção dos neurologistas americanos por volta de 1918, quando, capturando a atenção da bacteriologia, da epidemiologia e da saúde pública americana, ficou conhecida como a "patologia do momento" (Kroker, 2004).

A encefalite trouxe uma nova esperança para a neurologia nova-iorquina, uma vez que ela permitia a unificação do conhecimento neurológico com o campo da saúde pública e com a pesquisa laboratorial, uma das ciências mais valorizadas na época. Por meio da pesquisa laboratorial, neurologia e psiquiatria não mais adotariam práticas diagnósticas incertas e vagas, elencando com isso suas importâncias no cenário científico nacional e internacional. Necessitavam, portanto, que fosse criada a autoridade neurológica, e a encefalite oferecia o modelo de investigação a ser seguido. No entanto, as expectativas em torno da encefalite não se confirmaram.

Após anos de disputas políticas, de controvertidas investigações clínicas e epidemiológicas, o quadro mórbido descrito sobre a encefalite havia mudado tanto que alguns médicos diziam que outra patologia era investigada sob o mesmo nome. A relação com as pesquisas de base laboratorial tornou-se controversa e o interesse político e financeiro pela doença desapareceu, uma vez que ela não era mais uma promessa científica e uma possibilidade de afirmação da disciplina neurológica. As esperanças iniciais vinculadas às possibilidades de tratamento também fracassaram.

Grande parte das vítimas da encefalite foi tratada em instituições para epiléticos, mentalmente fracos e doentes de Parkinson. A vacina usada, além de ineficiente, não era facilmente disponibilizada pelos laboratórios. A encefalite passou a ser descrita então como uma síndrome de origem indeterminada, vinculada obscuramente à fisiologia patológica cerebral. As épocas de indefinições, incertezas e obscuridades, por suas fragilidades e seus mistérios, trazem consigo uma riqueza singular, pois impõem desafios e urgências que clamam por respostas quase sempre diversas e plurais.

Desse modo, a encefalite passou a ser vista como uma doença misteriosa, estranha e fantasmagórica, que desafiava o conhecimento neurofisiológico clássico. As pessoas atingidas manifestavam crises extraordinárias e instantâneas, nas quais estados catatônicos, tiques, sintomas característicos da doença de Parkinson, alucinações, obsessões e mais 30 ou 40 outros sintomas eram vivenciados. Terminada a crise, os sintomas simplesmente desapareciam. A neurofisiologia clássica, baseada no estudo dos centros e funções cerebrais e nas gradações entre eles, não possuía respostas para o problema. Mas a encefalite também criou outro dilema para a neurologia da época, pois, sem a análise da identidade do paciente, foi impossível compreender sintomas tão diversos, já que cada indivíduo manifestava um tipo diferente de encefalite.

Sacks (1990) argumenta brilhantemente que a epidemia da encefalite não possibilitou apenas o fortalecimento político e institucional de uma neurologia biológica reducionista. Ao lidar com a patologia, muitos médicos passaram a acreditar que, na prática clínica, o organismo como um todo deveria ser considerado em sua unidade integradora. O processo terapêutico envolvia a criação de reintegrações singulares e individuais. Além disso, para alguns médicos, nem todo sintoma da encefalite era negativo. Em muitos casos, eles eram libertadores e restauradores; em outros, eram apenas manifestações comportamentais não necessariamente patológicas.

Por um lado, a leitura de Sacks sobre a encefalite é otimista, pois descreve como o interesse público e científico pela desordem propiciou um desenvolvimento extraordinário do conhecimento sobre fisiologia humana, suas disfunções, seu potencial regenerativo, sua flexibilidade e sua integração com a esfera psíquica. O corpo era descrito como um todo físico, químico, biológico, psicológico e sociológico. A encefalite não foi apenas uma patologia neurobiológica e cerebral, nem um parente longínquo do TDAH. Entretanto, na década de 1980, na DSM-III, a Academia Americana de Psiquiatria realizou uma separação entre os transtornos de déficit de atenção e de hiperatividade correspondente aos distúrbios de aprendizagem, orientação que foi posteriormente acrescentada ao DSM-IV, publicado em 1994.

No discurso médico contemporâneo sobre o TDAH, pode-se notar que a disfunção desse transtorno compromete tanto os campos da atenção como os da concentração. Por outro lado, a referida hiperatividade não aparece em todos os casos, assim como a impulsividade só se apresenta em alguns casos, o que faz com que a problemática incida em uma disfunção básica no foco de atenção aos estímulos externos. Por conseguinte, tal dificuldade levaria a um prejuízo na capacidade de concentração e, portanto, criaria problemas para o funcionamento de respostas comportamentais adequadas ao ambiente externo.

Na década de 1980, o avanço das avaliações neurológicas trouxe novas perspectivas e promessas para o olhar psiquiátrico que se fortalecia, principalmente no cenário americano. Um espaço cada vez mais importante foi reservado às pesquisas que envolviam a neuroimagem do "cérebro com TDAH", nas quais as técnicas mais conhecidas são as de imagem estrutural e as de imagem funcional. A Tomografia Computadorizada (TC) investigava a existência de anomalias em determinadas estruturas cerebrais, e as demais, como a Eletroencefalografia Quantitativa (EEGQ), analisavam a atividade cerebral durante a realização de determinadas tarefas. Entretanto, foi somente no decorrer da década de 1990 que a psicofisiologia e a neurociência inspiraram a construção de um novo modelo interpretativo para o TDAH. Posto que se falava de uma epidemia do TDAH, em que o diagnóstico foi oficialmente descrito como uma questão de saúde pública, principalmente no contexto americano (EUA).

Em 2003, o Departamento de Saúde e Serviços Humanos, em conjunto com o Centro Americano para o Controle e Prevenção de Doenças, publicou o mapa epidemiológico da doença. Esse mapa, construído em diferentes tons de vermelho, servia como um alerta. As estatísticas mostraram a grave porcentagem de crianças e adolescentes americanos entre 4 e 17 anos diagnosticados e medicados. A média relativa à quantidade de indivíduos medicados foi de 4,33%.

As estatísticas americanas também eram econômicas e embasavam-se nos valores médicos e sociais incluídos. Um crescente número de pesquisas ocupava-se de analisar perdas econômicas correlatas à patologia. Essas pesquisas analisavam o impacto da criminalidade entre indivíduos com TDAH, os custos relacionados ao desemprego e à constante troca de empregos, além dos gastos com seguro saúde, medicamentos e tratamentos (Matza; Paramore; Prasad, 2005).

Com valores muito expressivos demonstrados, tais pesquisas apontaram que o TDAH precisava ser considerado com a devida importância e tratado como um fator de risco e como uma ameaça para a segurança e para a produtividade da sociedade, principalmente por se tratar da sociedade americana.

Nos anos 1990, os EUA presenciaram a proliferação de epidemias de agressões e impulsividade criminosas que, para a visão da época, estavam intimamente relacionadas à falta de autocontrole de certos indivíduos, o que se transformou em uma preocupação pública. Buscando uma solução, o Instituto Nacional de Saúde Mental Americano organizou a Iniciativa Nacional contra a Violência, na qual se deu a união da crença na biologia neuroquímica dos comportamentos impulsivos e violentos ao pensamento preventivo da lógica do risco. Psiquiatras identificavam crianças com possibilidade de desenvolvimento desses comportamentos violentos e produziam estratégias para prevenir maiores problemas.

Enfim, o TDAH foi constituído na economia biomédica da atenção, característica das últimas décadas do século XX. Ao mesmo tempo, o transtorno pertence a um período que extrapola a criação de seu conceito diagnóstico e o vincula à história do sujeito cerebral, sendo parte de um processo mais geral de somatização da identidade. O TDAH pertence à história da constituição das biologias morais da vontade e da atenção. A defesa da causa cerebral e neurológica da patologia mental também possui uma história, que já foi descrita aqui. Seus argumentos, seus métodos e suas tecnologias mudaram e se transformaram, fizeram parte de diferentes regimes científicos e discursos morais, mas, em todos eles, as descrições biológicas das patologias da atenção e da vontade permitiram que os valores morais dominantes em cada época fossem naturalizados e inscritos no corpo.

Recentemente, o TDAH e a condição existencial que ele descreve foram constituídos no espaço fronteiriço habitado pelas tecnologias de saber-poder que possibilitaram a emergência do eu neuroquímico e cerebral; do sujeito visto como um risco para si e para a sociedade, e, do eu no qual o desejo de risco é uma ameaça para as sociedades de segurança. O TDAH não somente nasceu desse solo, mas participou e participa ativamente de sua constituição.

Como destaca Aranowitz (1998), uma patologia só pode ser compreendida por meio da análise conjunta de sua biologia, as aspirações disciplinares em torno de sua pesquisa, das organizações burocráticas que a financiam e a sustentam, sua terapêutica, as mudanças em suas práticas investigativas e a forma como o sujeito e a sociedade a experienciam. No caso da encefalite letárgica, por exemplo, a consideração desses fatores, para surpresa de muitos críticos, não revelou apenas o fortalecimento da interpretação neurobiológica reducionista. Seguindo o exemplo de Sacks (1990), seria preciso analisar a face otimista e positiva da história das patologias da atenção e da hiperatividade. Essa seria a história das margens do TDAH e, talvez, a história das margens da atenção. Ao se diferenciar da análise biológica reducionista, possivelmente oferecesse grades interpretativas e intervencionistas mais éticas e plurais para a compreensão das patologias da atenção e da ação.

Dessa forma, a história oficial do TDAH é um instrumento potente de legitimação do discurso neurobiológico, além de ser útil por oferecer informações sobre o processo de "cerebrização" da moral e da vontade, do qual o seu diagnóstico faz parte. No entanto, ela unifica esse processo, emprestando às teorias que a apoiavam uma face biológica reducionista que nem sempre foi fiel aos postulados defendidos. Além disso, como tecnologia de legitimação de um discurso científico purista, omitiu-se suas faces morais e políticas. Além do mais, suprimiu as outras vozes que participaram da história da compreensão e do tratamento das patologias da atenção e da hiperatividade, as quais, já na história oficial do TDAH, são inexistentes ou insuficientes.

2.3 Metilfenidato: um ideal em expansão

O medicamento metilfenidato foi o pioneiro e o principal a ser usado no tratamento do TDAH. Em sua base, o cloridrato de metilfenidato, que análogo à anfetamina e à cocaína, aumenta a concentração extracelular de dopamina e noradrenalina no cérebro, cujas funções são aumentar a concentração e melhorar a performance intelectual. Tal substância tem uma importante função no comportamento, na cognição e no movimento voluntário de motivação e recompensa.

Neste campo de determinação surgem inúmeras organizações para resguardar o TDAH, sua origem biológica, sua consequente explicação médica e o comércio farmacêutico e terapêutico que se utiliza no tratamento. Atualmente há inúmeros artigos que apontam a existência de bases neurobiológicas e genéticas no TDAH, contudo, essa imensidão de pesquisas só confirma a fragilidade do diagnóstico do transtorno, bem como do seu tratamento. Protegidos pelas associações da qual fazem parte – como por exemplo, a Associação Médica Brasileira, a Associação Brasileira de Psiquiatria, a Academia Brasileira de Neurologia e a Academia Brasileira de Pediatria –, esses cientistas tem suas pesquisas realizadas com critérios questionáveis para testar suas hipóteses já comercializadas como verdades consumadas; algo próprio do dispositivo no sentido foucaltiano.

A lógica curativa medicamentosa para os portadores de TDAH se baseia no efeito facilitador dos fármacos, posto que as crianças se sentem mais calmas e, consequentemente, com maior autocontrole. Os psicoestimulantes regularizariam o funcionamento interno dessas crianças, e lhes devolveriam um alívio ao saberem-se portadoras de um déficit passível de ser controlado. A atuação do metilfenidato é bastante discutida;

todavia, sabe-se que o medicamento está classificado junto ao grupo dos psicoanalépticos, ou seja, das drogas estimulantes.

Guarido (2007) também reforça que a medicação ativa os centros inibitórios de comportamento, para que a criança fique mais calma. É um estimulante que aumenta o nível de neurotransmissores, como a dopamina, cujo desempenho é muito semelhante ao da cocaína. Contudo, não há clareza nem certeza sobre seus efeitos a longo prazo, de acordo com pesquisas realizadas pelo Instituto Nacional Sobre Drogas Abusivas (NIDA - EUA).

Um estudo divulgado pela Agência Nacional de Vigilância Sanitária (Anvisa, 2012) deveria ter disparado um alarme dentro das casas e das escolas – e aberto um grande debate no país. Contudo, o que se vê é a força da indústria farmacêutica em forjar dados de pesquisas e financiar grupos, tanto de pais que tem filhos diagnosticados com o referido transtorno quanto, principalmente, de médicos que receitam o metilfenidato.

A pesquisa da Anvisa[12] mostra que, entre 2009 e 2011, o consumo desse medicamento cresceu 75 % entre crianças e adolescentes na faixa dos 6 a 16 anos. Foi verificado um crescimento absurdo do uso dessa droga, que se amplia na segunda metade do ano e se reduz durante as férias escolares. Tal observação aponta que há uma correlação entre a escola e a utilização de uma droga tarja preta, que atua sobre o sistema nervoso central, gerando dependência física e psíquica. O metilfenidato é vulgarmente denominado "a droga da obediência", por isso, tem-se na bula da medicação a indicação do uso do medicamento em período escolar.

Em uma pesquisa[13] do Instituto de Medicina Social da Universidade Estadual do Rio de Janeiro (UERJ) revelou que, em 2011, as famílias brasileiras gastaram R$ 28,5 milhões na compra do metilfenidato, comercializados com o nome de Ritalina e Concerta, também conhecido como a "droga da obediência" – R$ 778,75 por cada mil crianças e adolescentes. É mister saber o que está acontecendo, afinal, nos últimos dez anos, as importações e a produção de metilfenidato cresceram 373%. A maior quantidade disponível da droga no mercado nacional gerou um aumento no consumo desse medicamento na ordem de 930% em um período de quatro anos. Conforme constatado, a quantidade de metilfenidato importada para

---

[12] Disponível em: http://portal.anvisa.gov.br. Acesso em: 5 fev. 2013.
[13] Disponível em: http://saude.estadao.com.br/noticias/geral,brasil-registra-aumento-de-775-no-consumo-de-ritalina-em-dez-anos,1541952. Acesso em: 20 ago. 2014.

o Brasil – ou produzida no país – passou de 122 kg, em 2003, para 578 kg, em 2012, equivalente aos 373% referidos acima. Cruzando os dados de produção, importação e estoque acumulados anualmente, os índices de consumo foram de 94 kg, em 2003, para 875 kg, em 2012, ou seja, trata-se de um aumento de 830%.

Segundo a Anvisa[14], o número de caixas de metilfenidato vendidas no Brasil passou de 2,1 milhões, em 2010, para 2,6 milhões, em 2013. Entretanto, nessa mesma época, houve um investimento por parte da indústria farmacêutica na divulgação da doença, o que resultou em um aumento no número de pessoas que passaram a consumir a droga. Assim, o TDAH seria um transtorno neurológico do comportamento que atingiria em torno de 8 a 12% das crianças no mundo. No Brasil, esses índices são ainda mais alarmantes, alcançando até 26,8 %.

Deve-se ressaltar que o crescimento do consumo da substância também está ligado à sua utilização por jovens e adultos com a finalidade de se obter uma melhora na atenção e no rendimento, sobretudo entre vestibulandos. Essa forma de uso da droga tem sido comum em ambientes profissionais competitivos, nos quais é utilizada por quem quer melhorar seu desempenho ou precisa terminar um trabalho em prazo curto. Além disso, é bastante popular entre grupos de jovens que querem ficar "conectados" durante festas. Para conseguir a droga, algumas pessoas procuram o mercado ilegal, e outras relatam os tão divulgados sintomas de TDAH nos consultórios médicos para conseguir a receita médica. Sobre esse tipo de consumo, há uma única conclusão: é nocivo à saúde e totalmente contraindicado.

Verifica-se, portanto, o quanto a discussão existente sobre o chamado Transtorno de Déficit de Atenção e Hiperatividade (TDAH) e a droga da obediência, por uma série de razões. Porém, poucas informações chegam à população. Atualmente, é normal ouvir nas ruas e nas escolas que certa criança é "hiperativa", uma vez que o diagnóstico faz a sociedade crer que o transtorno poderá ser curado ministrando-se uma droga. Para uma grande parcela da população, essa afirmação é considerada uma verdade "científica" inquestionável, que, de algum modo, garante uma espécie de identidade psíquica por meio de nomenclatura TDAH.

O processo de biologização da psiquiatria foi, então, vastamente utilizado e vinculado a uma nova lógica da existência: a lógica dos riscos

---

[14] Disponível em: http://portal.anvisa.gov.br. Acesso em: 5 fev. 2013.

controláveis. O comportamento modelado por medicações, a curiosidade apagada com pílulas e a energia encontrada em remédios alojou-se novamente no corpo e no cérebro, de modo que a conduta marca a história e legitima a cultura de uma sociedade que transfere seu mal-estar à medicina. Dessa forma, a indústria farmacêutica ganhou o impulso necessário que fez do metilfenidato o remédio mais vendido dos últimos anos.

Sob a perspectiva da Teoria Crítica da Sociedade, na análise do que acontece com o TDAH fica evidente o poder exercido sobre as massas e o assujeitamento das pessoas envolvidas por um sistema alienante, que medeia a relação com o mundo social. Se a criança não "responde" às formas de educação e ensino-aprendizagem, ela é vista automaticamente como a fonte do problema. Todavia, ao ser transposta ao campo educacional, essa perspectiva teórica pode nos auxiliar no desvendamento histórico-social das condições em que se processa a educação e, principalmente, a formação docente, sobretudo no que tange às condições de emergência e proliferação dos diagnósticos de TDAH, que têm, em sua maioria, origem na escola.

Surge, assim, a reflexão sobre as novas condições sociais a partir das quais o processo de semiformação se aprofunda nos dias atuais, podendo se associar a uma possível mutação na percepção e constituição dos próprios sujeitos. Essa mutação subjetiva está entrelaçada tanto ao uso cada vez mais constante dos aparatos tecnológicos quanto às drogas psicoestimulantes, que buscam aumentar a atenção e o controle do comportamento dos indivíduos desde a infância.

Pode-se recorrer aqui a Adorno e Horkheimer (1985), que afirmam que a naturalização dos homens não está dissociada do progresso da ciência. Uma vez que o aumento da produtividade cria um mundo supostamente mais justo, por outro lado, garante ao aparelho técnico e aos grupos sociais dominantes o controle sobre o resto da população, adoecendo-a quando necessário. E isso ocorre sem que exista algo como uma crise. Assim, anula-se o sujeito, aferrando-se ao aparelho a que serve, numa situação desonesta e impotente, em que o dilúvio de informações, precisas e assépticas, desperta e idiotiza as pessoas a um só tempo.

Na sociedade de comunicação em massa e de pleno consumo, a propagação de valores morais manipulados se dá em diversos âmbitos da vida cotidiana e a necessidade de sobrevivência suplanta a possibilidade de resistência de uma subjetividade enfraquecida e doente. Assim, através de um mecanismo psicológico que prefere uma mentira bem arquitetada a uma verdade contundente, a indústria farmacêutica responsável por formar as verdades convenientes através dos meios de comunicação em massa e, assim, propagar a ideologia e o conjunto de valores que mais lhe interessa. A verdade, então transformada em um exercício de poder, serve com sua inverdade à dominação social mediante a propagação da ideologia (Adorno, 1982).

> O traço característico desta época é que nenhum ser humano, sem exceção, é capaz de determinar sua vida num sentido até certo ponto transparente, tal como se dava antigamente na avaliação das relações de mercado. Em princípio, todos são objetos, mesmo os mais poderosos (Adorno, 1982, p. 31).

Na objetificação das relações humanas, o adoecimento do sujeito tem o seu auge no processo realizado por quem "se dedica à prática de perseguir interesses, de quem têm planos a realizar" (Adorno, 1992, p. 114). Essas pessoas, quando travam algum conhecimento com alguém, não estão interessadas nessa nova subjetividade, mas sim em rotulá-la imediatamente, instrumentalizando-a de acordo com seus próprios interesses, mediante um critério de utilidade que só interessa a elas próprias. Voltando a Adorno:

> São espertas, bem-humoradas, sensíveis e capazes de reagir: elas poliram o velho espírito do negociante com as últimas novidades da Psicologia. De tudo são capazes, até mesmo de amar, conquanto sempre deslealmente. Elas não enganam por instinto, e sim por princípio: a si mesmas avaliam como lucro, que a nenhum outro concedem (Adorno, 1982, p. 18).

Um aspecto importante da ideologia é o psicológico (Adorno, 1973). Por isso, não cabe analisar especificamente o conteúdo da ideologia, pois este é vazio, carece de bases argumentativas sólidas para serem atacadas e prescindem totalmente de lógica, pois a ideologia age sobre a emoção humana. O que deve ser estudado é o ambiente social e a cultura de uma sociedade que não apenas propicia a dominação por esses meios, como os demanda, exemplo caricato, do que acontece com o TDAH. E mais, cumpre avaliar as intenções veladas desses discursos ideológicos, que nunca aparecem transparentemente. Por essa razão, a indústria medico-farmacêutica passa como irrefutável. O estudo da ideologia está, portanto, não nos seus conteúdos, que nunca tiveram a pretensão de se tornarem argumentos justificáveis, mas sim no contexto e no processo nos quais se desenvolve, nas necessidades que finge satisfazer e nos objetivos que almeja.

> A crítica da ideologia totalitária não se reduz a refutar teses que não pretendem, absolutamente, ou que só pretendem como ficções do pensamento, possuir uma autonomia e consistência internas. Será preferível analisar a que configurações psicológicas querem se referir, para servirem-se delas; que disposições desejam incutir nos homens com suas especulações, que são inteiramente distintas do que se apresenta nas declamações oficiais. [...] As modificações antropológicas a que a ideologia totalitária quer corresponder são conseqüências de transformações na estrutura da sociedade e nisso – e não nos seus enunciados – encontramos a realidade substancial dessas ideologias (Adorno, 1973, p. 192).

Em maio de 2015, o Dr. Richard Horton, médico e atual editor chefe da revista *The Lancet*, denunciou nas redes sociais,[15] que grande parte das pesquisas médicas publicadas não são confiáveis ou são até mesmo falsas. Grande parte da literatura científica, talvez a metade, pode ser simplesmente falsa. Afetada por estudos com pequenas provas, efeitos minúsculos, análises exploratórias inválidas e flagrantes conflitos de interesse, juntamente com uma obsessão por perseguir tendências de moda de duvidosa importância; a ciência se voltou para a obscuridade[16].

O mais preocupante nessa assertiva é que todos esses estudos têm sido patrocinados pela indústria médica. A denúncia ainda explicita que os editores das revistas médicas ajudam e apoiam os piores comportamentos, que o número de pesquisas de má qualidade é alarmante e que vários dados são alterados e manipulados forçosamente com o intuito de tornar defensáveis inúmeras teorias.

Segundo Horton, as afirmações corretas e realmente importantes não raramente são rechaçadas enquanto pouco é feito para corrigir as informações errôneas. A Dr.ª Marcia Angell, editora chefe da revista *New England Medical Journal* (NEMJ), considerada uma das revistas médicas mais prestigiadas do mundo, também expressa sua crítica a essas teorias sobre o transtorno:

---

[15] Disponível em: http://www.noticiasnaturais.com/2015/05/editor-chefe-do-the-lancet-denuncia-metade-de-toda-a-literatura-medica-e-falsa. Acesso em: 26 jul. 2015.

[16] Disponível em: http://port.pravda.ru/sociedade/cultura/12-03-2016/40564-factos_adhd. Acesso em: 28 set. 2014.

> Simplesmente, já não é possível acreditar em grande parte da pesquisa clínica que é publicada, ou confiar no juízo dos médicos de confiança ou nas diretrizes médicas autorizadas. Não me dá nenhum prazer esta discussão, a qual entrou lentamente e com relutância ao longo das minhas duas décadas como editora da *New England Journal of Medicine*.[17]

A partir dessas advertências oriundas da própria classe médica, é possível dizer que nossas crianças estão sendo medicadas, sem estarem, "doentes". Além disso, pode-se pensar no prejuízo imensurável que tal medicação trará para o futuro dessa geração medicalizada. Como diz Guarido (2007), a medicalização em larga escala das crianças nos tempos atuais pode ser lida como tentativa de silenciar os conflitos; tentativa essa em que o discurso pedagógico contribui para a manutenção desse tipo de recurso, e que, por conseguinte, deve ser objeto constante de crítica em direção à possibilidade de que o lugar do ato educativo seja redefinido.

Embora a construção diagnóstica de TDAH utilize o enfoque operacional, as dificuldades em estabelecer o referido diagnóstico permanecem, mesmo porque como já discutido, o transtorno aparece como uma enfermidade da sociedade e não da criança. Tais dificuldades surgem da idéia já discutida de ser necessária uma ausência de qualquer alteração disfuncional objetiva (neurológica, cognitiva), bem como uma constatação de que a coleta de informações sobre o comportamento da criança pode diferir muito entre as agências sociais, família e escola. Tal premissa se consolidou a partir do contrassenso existente nas explicações etiológicas de TDAH. Considerando-se que o discurso da medicina pressupõe uma etiologia orgânica para esse transtorno, não teria sentido a supressão de TDAH com o término da adolescência, como supuseram alguns teóricos no início.

As discussões relativas à etiologia de TDAH juntamente com os critérios diagnósticos usados na prática médica, bem como a proposta terapêutica medicamentosa que vem desses postulados teórico-práticos, como visto, são alvo de várias críticas. Na verdade, uma leitura criteriosa do trabalho dos autores acima citados permite concluir que se trata de uma tentativa de explicar a etiologia de TDAH a partir de uma somatória causal de fatores psicológicos, orgânicos e sociais. Escapa-lhes, no entanto,

---

[17] Disponível em: http://www.noticiasnaturais.com/2015/05/editor-chefe-do-the-lancet-denuncia-metade-de-toda-a-literatura-medica-e-falsa. Acesso em: 30 jun. 2015.

uma análise dos aspectos ideológicos subjacentes a essa construção, os quais se podem inferir por meio da seguinte conexão:

1. Afirmar, a partir da revisão de literatura apresentada, que a construção atual em torno do quadro nosológico do TDAH, bem como a proposta terapêutica medicamentosa de tratamento, praticamente indiscriminada, ilustra a predominância de uma concepção naturalista/biológica do psiquismo humano, nos meios de atenção e cuidado à saúde de crianças e adolescentes. Tal visão merece uma atenção especial, pois pode conduzir a um apaziguamento ilusório da angústia que não abrange o sujeito em sua problemática; pressupondo, de forma mágica, que as terapêuticas medicamentosas eliminarão todo e qualquer tipo de sintoma ou de sofrimento psíquico;

2. No caso específico do uso indiscriminado de medicamentos na infância com o intuito de normatizar os comportamentos e suprimir os sintomas, tem-se o agravante de que a criança pode vir a desenvolver, por meio do aprendizado, a crença de que a ingestão de pílulas pode eliminar qualquer tipo de mal-estar. Tal atitude não permite escolhas e opções que possibilitem à criança criar mecanismos próprios de participação com implicações para a sua vida adulta, na reversão de suas angústias, problemas e dificuldades.

A descrição médica de TDAH – e a concepção de "adoecimento" que acompanha essa sigla diagnóstica na contemporaneidade – serve de comprovante para ocultar o sujeito e os aspectos intersubjetivos responsáveis pela constituição e/ou cristalização de suas eventuais dificuldades. Assim, ao tentar impedir que o sujeito encontre o valor da palavra que lhe permita falar sobre sua própria dor ou dificuldade, o discurso da ciência separa-o de sua verdade e o aliena na certeza imaginária do conhecimento científico, submetendo-o aos saberes contemporâneos ideologicamente orquestrados.

Atualmente, estamos convivendo com sofrimentos codificados em termos próprios do discurso médico, que se socializa amplamente e passa a comandar a relação do indivíduo com sua subjetividade e seus sofrimentos. Não se trata de rejeitar todo e qualquer uso dos psicofármacos, pois são inegáveis os efeitos positivos e a promoção da saúde quando utilizados de forma assertiva. Entretanto, trata-se de evidenciar os efeitos de um discurso que banaliza a existência, naturaliza os sofrimentos e responsabiliza os indivíduos por seus problemas e pelo cuidado de si, em um movimento de racionalização próprio da economia neoliberal.

A permeabilidade do discurso pedagógico à cientificidade médico-psicológica parece também cumprir a função de dar consistência à certa metodologia capaz de dar conta daquilo que passou a ser considerado ponto fundamental no desenvolvimento cognitivo das crianças: as chamadas competências necessárias. Por outro lado, esse recurso permite um discurso que, baseado na noção de déficit, explicaria os fracassos experimentados no interior das escolas. Tais fracassos se relacionam, por um lado, à criança, que não seria capaz de desenvolver as famosas competências[18] em função de falhas presentes em seu organismo; e, por outro, à metodologia pedagógica não realizada ou construída de forma a estar adequada às mesmas competências das crianças.

Algo que se parece tentar evitar diz respeito àquilo que é inerente ao próprio ato educativo e à constituição dos sujeitos: sua imprevisibilidade e o fato de que ambos se dão no encontro com a palavra e com a alteridade. Evitar a imprevisibilidade e o outro, esse estranho outro, acaba por, de certa forma, desfazer a implicação do ato educativo como um ato constitutivo do sujeito (Guarido, 2007).

O recurso à técnica, seja a dos manuais de psicologia, seja a do discurso médico hegemônico, tem tido efeitos nefastos sobre o discurso pedagógico na contemporaneidade. Como já apontamos, a medicalização em larga escala das crianças atuais pode ser lida também como apelo ao silêncio dos conflitos, negando-lhes a subjetividade e o encontro humano. Que o discurso pedagógico contribua para a manutenção desse tipo de recurso deve ser objeto constante de julgamento perseguindo a possibilidade de que o lugar do ato educativo seja redefinido.

Em seus estudos e inquietações, especialmente em *O Mal-Estar na Civilização* (1996i), Freud fez a seguinte constatação: educar, governar e psicanalisar são três profissões impossíveis. Freud estudou o modo como se constrói o desejo de saber na criança, ou seja, como se coloca a questão da aquisição de conhecimentos, e descobriu que ela se origina na curiosidade

---

[18] Philippe Perrenoud, autor da Teoria das Competências. Disponível em: http://www2.videolivraria.com.br/pdfs/14867.pdf. Acesso em: 15 jan. 2014.

sexual da criança pela cena primária. Segundo ele, essa curiosidade é que vai inspirar toda a inquietação cognoscente, ou seja, toda curiosidade de conhecer (todo saber infantil) é despertada pelas perguntas sexuais. Essas investigações sexuais são recalcadas e substituídas pelas investigações sobre outros conhecimentos disponibilizados pela família e sociedade e que levarão as marcas de suas representações.

Se há uma falha, porém, nas primeiras vivências da criança, se ela realiza sob a forma de obturar qualquer curiosidade, ou se essa curiosidade não é ouvida e nem atendida, haverá transformações simbólicas do objeto em que a criança pode não se tornar intérprete do signo, não tendo o que perguntar, trazendo à educação desafios maiores ainda. Trata-se da lógica do significante, da lógica do inconsciente, que não segue uma linearidade, pois a produção do sentido se dá, inclusive, nas dificuldades de aprendizagem que contém uma mensagem, a qual precisa ser decifrada. Não há aprendizagem sem relação. Nesse sentido, o ato de aprender, presume sempre uma relação com o Outro, não há ensino sem professor. Kupfer (2005) resume que aprender é aprender com alguém.

> Freud nunca deixará de colocar em questão: "O que é necessário perder para conformar-se a exigência de racionalidade educativa presentes em processos hegemônicos de socialização e de individuação?", ou ainda: "qual é o preço a pagar, qual é o cálculo econômico necessário para viabilizar tais exigências?". Pois, devemos nos perguntar o que deve acontecer ao sujeito para que ele possa se pautar por um regime da racionalidade que impõe padrões de ordenamento, modos de organização e estruturas institucionais de legitimidade (Safatle, 2008, p. 117).

2.4 Patologização e medicalização da vida

A etimologia da palavra "medicina" tem origem latina e significa a "arte de curar". Em definição do *Dicionário Aurélio*[19], medicina é "a arte e ciência de evitar ou curar doença, ou de paliar seu(s) efeito(s)". Em complemento, o *Dicionário Houaiss*[20] aponta que ela é "o conjunto de conhecimentos relativos à manutenção da saúde, bem como a prevenção, tratamento e cura das doenças, traumatismos e afecções, considerada por

---
[19] Disponível em: https://dicionariodoaurelio.com. Acesso em: 18 jan. 2016.
[20] Disponível em: http://www.dicio.com.br/houaiss. Acesso em: 18 jan. 2016.

alguns uma técnica e, por outros, uma ciência". A medicina se constituiu como ciência na Grécia, com os primeiros relatos e experimentos de Hipócrates, há mais de 2.500 anos. Naquela época, acreditava-se que os males do corpo eram consequência de um desequilíbrio no organismo. Assim, a história da medicina nunca deixou de ser o estudo das doenças e para isso esteve sempre norteada em definir o que é a normalidade. Em artigo intitulado *A medicalização na educação infantil e no ensino fundamental e as políticas de formação docente,* Moysés (2008, p. 23) afirma que:

> À medicina se atribui todo o universo de relações do homem com a natureza e com outro homem, isto é, com a vida. Legislando sobre hábitos de alimentação, vestuário, habitação, higiene, aplica a esses campos a mesma abordagem empregada frente às doenças. Adotando, assim, um discurso genérico, aplicável a todas as pessoas, porque neutro.

Segundo a pediatra, essa medicalização é resultado do processo de conversão de quesitos sociais e humanos em biológicos – invertendo problemas da vida em doenças ou distúrbios. Com essa visão, surge uma doença que impediria a criança de aprender, cunhada sob outros nomes antes de ser registrada como TDAH.

Como visto, é dessa forma que se medicaliza a educação, ou seja, questões e problemas pedagógicos e sociais convertem-se em questões biológicas e médicas. "O discurso médico irá apregoar a existência de crianças incapazes de aprender, a menos que submetidas a uma intervenção especial – uma intervenção médica" (Moysés, 2008, p.23), afirma. E conclui:

> A atuação medicalizante da medicina consolida-se ao ser capaz de se infiltrar no pensamento cotidiano, ou, mais precisamente, no conjunto de juízos provisórios e preconceitos que regem a vida cotidiana. E a extensão (e a intensidade) em que esse processo ocorre pode ser apreendida pela incorporação do discurso médico, não importa se científico ou preconceituoso, pela população. A medicina constrói, assim, artificialmente, as 'doenças do "não-aprender" na escola' e a consequente demanda por serviços de saúde especializados, ao se afirmar como instituição competente e responsável por sua resolução. A partir deste momento, a medicina se apropriará cada vez mais do objeto aprendizagem. Sem mudanças significativas, apenas estendendo seu campo normativo (Moysés, 2008, p. 23).

O transtorno de hiperatividade pode ser um daqueles casos em que a droga – o metilfenidato – ajuda a moldar com mais eficácia o diagnóstico sobre. Os oponentes a essa medicalização contextualizam que não foi provada a existência de uma doença que altere e influencie somente o comportamento e a aprendizagem. Dessa forma, a popularização do diagnóstico de TDAH vai contra a lógica da própria medicina. Faz-se necessário primeiro comprovar a doença para depois tratá-la; o que nos leva a crer que essa tendência obedece mais à lógica do capital do que a da ciência – resultando, em alguns casos, em acordos escusos entre laboratórios farmacêuticos e médicos.

Assim, em *O livro negro da psicopatologia moderna*, Alfredo Jerusalinsky e Silvia Fendrik (2011) alertam que a ligeireza (e imprecisão) com que as pessoas são transformadas em anormais é diretamente proporcional à velocidade com que a psicofarmacologia e a psiquiatria contemporânea expandiram seu mercado. Não deixa de ser surpreendente que o que foi apresentado como avanço na capacidade de curar tenha levado a ampliar, em uma progressão geométrica, a quantidade de doentes mentais. E Guarido complementa:

> A produção de saber sobre o sofrimento psíquico encontra-se associada à produção da indústria farmacêutica de remédios que prometem aliviar os sofrimentos existenciais. O consumo em larga escala dos medicamentos e o crescimento exponencial da indústria farmacêutica tornam-se elementos indissociáveis do exercício do poder médico apoiado em um saber consolidado ao longo do século XX (Guarido, 2007, p. 6).

O ideal desejado pelo campo médico, propagado pelos sistemas classificatórios em termos diagnósticos, acaba por definir o que se pensa atualmente ser o campo da saúde mental em termos de políticas públicas, pois exerce um poder sobre os sujeitos que permeia toda a sua vida. Nota-se que a produção desse conhecimento está sempre entrelaçada à produção da indústria farmacêutica, que anuncia o fim do mal-estar e de qualquer tipo de sofrimento, como se fosse possível garantir tal promessa. Vale ressaltar que não se trata de abdicar do uso dos psicoestimulantes, entretanto, não devemos banalizar o uso destas substâncias mediante sofrimentos inerentes à vida, naturalizando os sujeitos em prol de um ideal de felicidade inalcançável. Parafraseando Guarido (2007), trata-se de encontrar na educação uma possibilidade de não sujeição ao discurso psiquiátrico, libertando as crianças dos sentidos previstos nos prognósticos e manuais médicos.

A entrada do saber médico-científico no campo escolar aparece com inúmeras facetas, em que o discurso pedagógico das competências no desenvolvimento cognitivo das crianças aparece como a mola propulsora para o diagnóstico do TDAH. Visto dessa maneira, o TDAH seria um transtorno que se inicia com um déficit, que admite e justifica explicações nos problemas de aprendizagem posto sobre o aluno que, por sua vez, não consegue "ampliar" as suas competências em função de uma patologia que o limita. Tal descrição destitui qualquer responsabilidade pedagógica de construir novas formas de aprender e ensinar.

Deve-se reconhecer que a medicalização ligada a procedimentos e diagnósticos mal formulados tem como consequência tão somente a socialização do discurso médico-científico que produz, na sociedade; verdades acerca do que é normal e do que é patológico que se naturaliza como norma. Isso pode ser notado pelos inúmeros testes que classificam o TDAH, encontrados em revistas sem cunho científico, como as revistas para adolescentes, sobre moda, escolares, entre outras. Tais edições podem ser compradas facilmente em qualquer livraria ou banca de revistas, e esses testes também podem ser aplicados ou autoaplicados por qualquer pessoa. O que determina o diagnóstico positivo ou não de TDAH é a cultura em questão, é o olhar que se tem sobre a infância e a concepção sobre seu desenvolvimento da época.

Dessa forma, o olhar dirigido à criança no século XX foi o da pedagogia, tema já discutido anteriormente, um olhar que pressupunha a condução da criança e a partir do qual o discurso médico ganhou um campo fértil para tratar prováveis problemas ligados ao desenvolvimento da infância, baseando-se em um ideal de educação e de desenvolvimento.

Atualmente, o discurso médico difundido pelas mídias naturaliza certas ordens de sofrimentos e os convertem em diferentes doenças. Nesse sentido, muitos docentes também estão adoecendo, pois a tarefa de educar aparece esvaziada de sentido. Como resposta, muitos encontram "consolo" em revistas de autoajuda ou nas já acima citadas, que retiram do professor a responsabilidade do "não-aprender" e a transferem ao aluno por meio dos testes que identificam a criança portadora de TDAH. Somam-se a isso os avanços tecnológicos (TIC). Por meio deles, o professor assiste a falência de seu modo de ensinar, uma vez que os aparatos tecnológicos adentram a sala de aula sem reservas e, roubam-lhe por meio dos choques imagéticos, a atenção de seus alunos, os quais já se interessam pouco por uma aula sem uso dos recursos audiovisuais, até mesmo porque elas estão imersas em uma sociedade extremamente imagética.

> Quem está sendo medicado são as crianças questionadoras, que não se submetem facilmente às regras, e aquelas que sonham, têm fantasias, utopias e que 'viajam'. Com isso, o que está se abortando? São os questionamentos e as utopias. Só vivemos hoje num mundo diferente de mil anos atrás porque muita gente questionou, sonhou e lutou por um mundo diferente e pelas utopias. Estamos dificultando, senão impedindo, a construção de futuros diferentes e mundos diferentes. E isso é terrível (Moysés, Portal da Unicamp, 2013[21]).

O fato, no entanto, é que o uso do metilfenidato reflete como já dito, muito mais um problema cultural e social do que médico. Atualmente, a vida requer de pais e mães uma quantidade imensurável de exigências profissionais, sociais e financeiras. Esse fato parece não deixar muito espaço para as livres manifestações das crianças que se veem, muitas vezes, oprimidas por uma série de atividades que devem realizar fora da escola, como, judô, piano, balé, kumon, natação, dentre outras.

Assim, é preciso colocá-las na escola logo no primeiro ano de vida, preencher seus horários com atividades e compensar de alguma forma a lacuna provocada pela ausência de espaço familiar, social e de convívio público. Já não há mais a rua para a criança conviver e exercer a infância, o lugar que hoje lhe é dado é o interior do lar, devido aos perigos contemporâneos ligados à falta de segurança atual e também, para não incomodar. A criança deverá se entreter assistindo televisão, jogando um videogame ou acessando as redes sociais via tabletes e computadores. As crianças, na atualidade, passam grande parte da infância conectadas ao mundo virtual das imagens. Entretanto,

> Isso não quer dizer que a família seja culpada. É preciso orientá-la a lidar com essa criança. Fala-se muito que, se a criança não for tratada, vai se tornar uma dependente química ou delinquente. Nenhum dado permite dizer isso.

---

[21] Disponível em: http://www.unicamp.br/unicamp/noticias/2013/08/05/ritalina-e-os-riscos-de-um-genocidio-do-futuro. Acesso em: 23 fev. 2014.

> Então não tem comprovação de que funciona. Ao contrário: não funciona. E o que está acontecendo é que o diagnóstico de TDAH está sendo feito em uma porcentagem muito grande de crianças, de forma indiscriminada (Moysés, Portal da Unicamp, 2013).

As complicações sobre a medicação do metilfenidato não param por aí. Quando ele foi retirado do mercado recentemente – num movimento de especulação aparente, normalmente atribuído ao interesse por aumentar o preço da droga –, as consequências foram dramáticas. Por se tratar de uma química que provoca dependência, muitos pais entraram em pânico com medo de que seus filhos ficassem sem a medicação. Além disso, se a criança já havia desenvolvido uma dependência química, poderia vir a enfrentar crises de abstinência. Hoje, a venda da medicação está novamente regularizada e funcionando a todo vapor.

> As reações adversas estão em todo o organismo e, no sistema nervoso central então, são inúmeras. Isso é mencionado em qualquer livro de Farmacologia. A lista de sintomas é enorme. Se a criança já desenvolveu dependência química, ela pode enfrentar a crise de abstinência. Também pode apresentar surtos de insônia, sonolência, piora na atenção e na cognição, surtos psicóticos, alucinações e correm o risco de cometer até o suicídio. São dados registrados no *Food and Drug Administration* (FDA). São relatos espontâneos feitos por médicos. Não é algo desprezível. Além disso, aparecem outros sintomas como cefaleia, tontura e efeito *zombie like*, em que a pessoa fica quimicamente contida em si mesma (Moysés, Portal da Unicamp, 2013).

Além das crianças, os jovens também estão consumindo o metilfenidato como um bilhete de entrada para o mercado das festas, pois, oferece o efeito de "estar ligado", ou seja, dá a sensação do raciocínio veloz e da capacidade de fazer várias atividades ao mesmo tempo. A droga agrega, desse modo, um novo mercado: o dos jovens "vestibulandos", e até mesmo daqueles que procuram uma solução mágica para produzirem mais, escreverem mais, lerem mais etc.

Afinal, os efeitos da droga vão desde a inibição do apetite[22] até a sensação de *superman,* com um entendimento mais rápido e capacidade de realizar várias coisas ao mesmo tempo. Desse modo, a linha que separa

---

[22] Disponível em: http://www.copacabanarunners.net/ritalina.html. Acesso em: 12 set. 2013.

a droga como perversa ou como tábua de salvação é muito tênue, uma vez que a criança, após ser diagnosticada e medicalizada, só tem permissão para entrar na escola se estiver tomando o remédio, após a queixa escolar. Algo assustador e totalmente questionável enquanto constituição.

A ocorrência, no entanto, é que o uso do metilfenidato como medicalização parece ser muito mais um problema da sociedade do que de ordem médica que o criou. Os pais, em vez de serem orientados para atentar e estimular mudanças na vida familiar e da criança são levados, quase à força, a procurar um consultório. Por meio de um relatório escolar, são orientados para levar os filhos ao médico e convencidos de que os filhos sofrem de algum mal que deve ser tratado por medicamentos, até mesmo porque a escola, muitas vezes, faz tal exigência.

Por fim, podemos afirmar, a partir da revisão da literatura apresentada, que a construção atual em torno do quadro nosológico do TDAH é, no mínimo, problemática; e que a proposta terapêutica medicamentosa de tratamento é praticamente indiscriminada e nociva. Tal observação ilustra a predominância de uma concepção naturalista/biológica do psiquismo humano, nos meios de atenção e cuidado à saúde de crianças e adolescentes, e também nas políticas públicas existentes que se materializam nas instituições sociais. O que indica um problema de natureza sociocultural.

O poder de significação conferido pela nomeação do sintoma em termos médicos e o poder de alienação proporcionado pelo signo da anatomopatologia produzem uma aceitação, por parte dos sujeitos, dessa discriminação sanitária que, por vezes, produz uma identificação irreversível. O encaminhamento para o serviço de saúde mental é fruto do discurso médico. E se essa operação discursiva ocorre no momento singular de apreensão do código escrito, o que pode ocorrer é que uma palavra – mesmo que não seja a última – advinda do médico, remeta o paciente a um lócus identificatório, como mencionado no capítulo anterior, onde esse poderá se recolher. Se isso ocorre, uma série de tratamentos poderão então continuar a ser prescritos.

De acordo com a generalização das ofertas terapêuticas a esses comportamentos diagnosticados como patologias do "não-aprender", o que cotidianamente é colocado à disposição das crianças e suas famílias se reduz a uma exigência da ciência: tratamento por medicamentos. O que não se espera, entretanto, é que se encontre uma resposta contrária à proposta da adaptação, ou seja, contrária à perpetuação da lógica da exclusão (Santiago, 2005).

Ao problematizar a cultura a partir da medicalização ou ao pensar como a medicalização se atrela à cultura, nota-se que os saberes voltados à medicalização do indivíduo atuam conforme interesses e racionalidades, a fim de governar os corpos dos sujeitos e, consequentemente, a população. Esses saberes são carregados de intenções e operam em sintonia com a cultura e sobre ela, constituindo os sujeitos e os conduzindo cada vez mais, para um cenário social (hiper)medicalizado. Nesse contexto, a escola, junto com outros "meios", destaca-se como um de seus mediadores mais atuantes. Ademais, encontram-se indícios dessa cultura medicalizadora no registro de um número alarmante de crianças e jovens diagnosticados com TDAH.

> A racionalidade operante da medicalização nos processos de avaliação e de intervenção junto a crianças e jovens com dificuldades no processo de escolarização representa um retorno de explicações organicistas, centradas na ideia de distúrbio de aprendizagem para justificar o não aprender numa escola e numa sociedade que raramente são questionadas em sua estrutura (Angelucci; Souza, 2010, p. 38).

2.5 Políticas Educacionais e a medicalização da vida

Faz-se urgente um questionamento sobre o que está por trás da tendência da medicalização da vida trazida pelo DSM-V, e que se realiza em uma progressão dentro da própria base dos DSM's, cujo número de patologias mentais chegou ao número de 450 categorias diagnósticas. Cabe mencionar que essas patologias mentais eram 265 no DSM-III e 182 no DSM-II.

Nesse sentido, a partir do DSM-III houve uma reviravolta no discurso médico-científico. As disputas teóricas perderam terreno; e ganharam força as grandes corporações farmacêuticas e as seguradoras de saúde. Exemplo disso está no fato do Congresso Americano ter aumentado em mais 600 milhões de dólares os recursos financeiros destinados à pesquisa do *National Institute of Mental Health*, evento que culminou, na época, na declaração do Congresso referente à década de 1990, que teria sido a "década do cérebro" (Aguiar, 2004). Todavia, foi com o lançamento do DSM-V que esse fato tomou proporções gigantescas. Dali em diante, tudo poderia se converter em sintomas, facilmente encontrados nas premissas do manual.

Alavancando e dando suporte a esse processo de medicalização, atualmente houve a aprovação de leis e de projetos de lei[23] como: Lei nº 12.524/2007, Lei nº 8073/2011, Lei nº 14.658/2009, Projeto de Lei nº 7.081/2010, Projeto de Lei nº 455/2007, Projeto de Lei nº 1.635/2011 e o Projeto de Lei nº 446/2007 entre outras, que dispõem sobre a criação de um programa estadual para identificação e tratam da dislexia – incluindo o TDAH – na rede oficial de educação nacional. Tais leis desconsideram muitos aspectos da Lei de Diretrizes e Bases (LDB), assim como não consideraram os Parâmetros Curriculares Nacionais (PCNs), muito menos o Plano Nacional de Educação (PNE), colocando em risco o espaço escolar ao transformá-lo em espaço clínico, pois nesse contexto os alunos consequentemente tornam-se pacientes.

Por isso, atribuir ao professor a função de diagnosticar ou descrever relatórios pseudomédicos sobre os educandos perverte a sua função de educar, como exemplo pode-se citar a Lei nº 7.081/2010 que dispõe sobre o diagnóstico e o tratamento da Dislexia e do Transtorno do Déficit de Atenção com Hiperatividade na educação básica "estabelece a responsabilidade das escolas de todos os níveis, após aviso adequado às famílias, implementar tempestivamente ações suficientes para identificar casos suspeitos de dislexia entre os alunos. Determina a promoção por parte do Ministério da Educação e da Saúde de atividades para alcançar a identificação precoce dos alunos com dislexia. Propõe a formação, reciclagem e capacitação do corpo docente das escolas e dos profissionais de saúde envolvidos no diagnóstico e reabilitação dos disléxicos". Palavras como "implementar tempestivamente", "alcançar a identificação precoce dos alunos" e "formação, reciclagem e capacitação do corpo docente das escolas" revela o quão forte se apresenta essa questão para a educação atual. O maior e inigualável equívoco dessas leis é prever ao professor cursos sobre diagnóstico e tratamento dos referidos transtornos. Assim, o projeto reforça e legitima a transformação de questões de competência social e ética, de modo a retirar a responsabilidade de todo um sistema educacional. Então, mais uma vez, somente o educando se torna o responsável por seu "não-aprender", por ser portador de um transtorno que traz em

---

[23] Muitas dessas leis e outras continuam tramitando, ora na Câmara, ora no Senado, ora no Congresso.

si um déficit, e mais uma vez, essa abordagem não pondera os problemas vigentes na educação, evitando assim as discussões sobre tais questões.

Ao legitimar e dar ao professor a função de diagnosticar e tratar, essas leis e projetos de lei acaba por garantir uma concepção de saúde e doença na qual o aspecto biológico é determinante, não considerando suas relações com as condições de vida e com os meios socioculturais que a produzem. O projeto também se esquiva de qualquer trabalho em rede, pois atribui responsabilidades somente às Secretarias da Educação e da Saúde. Por fim, desconsidera o indivíduo enquanto sujeito único, produtor e produto de sua história, responsabilizando e culpabilizando-o por uma série de problemáticas que fogem às suas necessidades educativas.

Tal situação torna-se bastante contraditória quando os PCNs declaram que a constatação de que a criança é ativa e inquieta não é recente, pois seu corpo se agita diante do que ainda não consegue representar pela palavra, e que a sua curiosidade a leva a distrair-se, derivando sua atenção para diferentes rumos. Além disso, tais manifestações aconteceriam com todas elas e fariam parte do "crescer" ou tornar-se um cidadão ativo. Todavia, o que seria um cidadão ativo, se o comportamento inquieto e ativo pode caracterizar um aspecto patológico que, por si, já justificaria um encaminhamento médico?

Entretanto, a escola parece buscar um escopo de profissionais para atender às demandas que lhe são próprias. A Comissão de Constituição e Justiça e de Cidadania (CCJC) aprovou o substitutivo do Projeto de Lei nº 3.688/00[24], que dispõe sobre a prestação de serviços de psicologia e de assistência social nas escolas públicas de educação básica. As implicações dos projetos de lei desse tipo acabam por aferir ainda mais à educação motivos e respostas que não são de origem pedagógica, pois buscam, fora da escola ou no comportamento do aluno, respostas para as dificuldades de aprendizagem, ao modo de um retrocesso educacional.

Dessa vez, o projeto prevê a entrada de profissionais da área da saúde não só nas salas de aula, mas, principalmente, nas secretarias de educação dos estados e municípios responsáveis pela formulação de políticas públicas voltadas para o setor. Os profissionais devem fazer parte de uma equipe multidisciplinar, para criar propostas que melhorem a qualidade de educação nas escolas além de identificar alunos que necessitem de atendimento específico perpetuando, assim, a medicalização da vida por meio da escola.

---

[24] O Projeto Lei continua em tramitação.

Entender e imaginar como essa situação vai se concretizar em cada escola é praticamente impossível, pois, apesar da psicologia ter contribuído muito com sua experiência clínica, pouco auxiliou a educação. Ao contrário, fortaleceu o discurso do aluno ideal e, consequentemente, do normal e do patológico. Permitir que o espaço da sala de aula possa ser frequentado por profissionais de áreas diferentes, em prol do aluno, chega a ser uma utopia que muitos almejam, mas que pouco ou nada contribui para uma melhora efetiva do caos em que se encontra a educação.

Nesse sentido, o atual ideário neoliberal fortemente presente na educação formal vista sob a ótica da economia, tem conferido o tom das disputas travadas entre a sociedade civil organizada e o empresariado, diante da necessidade de controle e de (re)formulação de projetos educativos. Os impactos dos processos de reforma do Estado nas políticas educacionais foram muitos. A noção de autoridade política oriunda de uma perspectiva liberal deve ser reconsiderada à vista de tradições contemporâneas em ciência política como, por exemplo, as questões de soberania do Estado e da cidadania e a questão da representação política e da responsabilização (*accountability*). Nesses termos, ainda que se origine de um projeto de dominação, toda política pública reflete como arena de luta e como caixa de ressonância da sociedade civil as tensões, contradições, os acordos e desacordos políticos, por vezes, de grande magnitude.

Em *O novo pacto educativo*, Tedesco afirma que os termos "crise" e "educação" têm sido associados com bastante frequência há tempos. Assim, para o autor,

> O sistema educacional tem sido uma das áreas das políticas públicas mais recorrente e sistematicamente "reformadas". Os resultados, no entanto, têm sido escassos e, provocado, paradoxalmente, o aumento da rigidez e o imobilismo das instituições educacionais (Tedesco, 2001, p. 15).

Contudo, ele acredita que a crise da educação não é mais a mesma; e que, atualmente, ela é uma expressão particular da crise do conjunto das instâncias da estrutura social, desde o mercado de trabalho e do sistema administrativo até o sistema político, a família e o sistema de valores e crenças. A crise, em consequência, não provém da forma deficiente pela qual a educação cumpre os objetivos sociais que lhe são atribuídos, mas, o que é ainda mais grave, do fato de não saber que finalidade ela deve cumprir e para onde deve efetivamente orientar suas ações (Tedesco, 2001).

Tedesco argumenta, ainda, que, para explicar essa situação, é preciso entender que vivemos um processo de profunda transformação social, que engloba o surgimento de novas formas de organização social, econômica, política e cultural, tais como expressam as denominações: "sociedade da informação", "sociedade pós-capitalista", "sociedade pós-industrial", entre outras.

Nesse sentido, pode-se dizer que a educação revela sua importância no enquadramento disciplinar do corpo em escala de massa, sendo a expressão da atual biopolítica. Por seu intermédio, se reconcebe a educação medicalizando os problemas de ordem pedagógica, e tal transformação se reflete, ao mesmo tempo em que se legitima, de algum modo, pelos embates verificados em nível das políticas educacionais.

Adorno, como já mencionado, chama de processo de semiformação tudo que fica aprisionado nas malhas da socialização e da lógica do mercado. Antes de se se formarem plenamente, as classes sociais tornam-se presas das consequências mediadas por uma ideologia onde a semiformação se deixa edulcorar como substituto da cultura propriamente dita. Além disso, nesse contexto em vez de ser compreendida a partir da definição prévia do mínimo necessário, a prática da avaliação educacional é atravessada por questões disciplinares de controle dos alunos, como, por exemplo, os castigos dentro e fora das salas de aula, servindo como forma de prêmio para uns e punição para outros, além de outras formas de controle por coerção.

Com isso, as mudanças que a escola tem sofrido atingem diretamente os professores em todas as suas categorias que as veem como ameaças. Consequentemente, as reações dos professores têm um caráter defensivo. Segundo Tedesco, a reação defensiva tem origens históricas na profissão docente e nos processos de mudanças no âmbito educacional; o autor ainda salienta que é preciso reconhecer que ocorreu um processo intenso de deterioração das condições de trabalho dos docentes, causado, especificamente, pelas políticas de ajuste estrutural.

Os processos de descentralização da gestão educacional foram motivados, em muitos casos, pelo desejo de romper a unidade sindical docente e diminuir o gasto em educação. Não de melhorar a qualidade, sua eficiência ou democratização efetiva. Em contextos desse tipo, não é de surpreender que os docentes adotem uma atitude cética ou de resistência ativa às novas estratégias de mudança (Tedesco, 2001). Parafraseando

Tedesco, a conciliação educacional pressupõe, portanto, o reconhecimento do outro e a negociação de formas de trabalho comuns. Ela não elimina o conflito, tampouco as tensões, nem as diferenças. Não significa uniformidade. É evidente que continuará a haver interesses distintos e tensões entre, por exemplo, as demandas do mercado de trabalho e a formação integral da personalidade, entre os valores particulares das famílias e o universalismo da cultura escolar, entre a autonomia local e a necessidade de coordenação em nível regional ou nacional. Mas a busca da conciliação cria um mecanismo pelo qual esses conflitos e tensões são resolvidos mediante o diálogo e os acordos para a ação (2001).

Nesse sentido, devemos compreender melhor o que hoje se entende por políticas públicas. A melhor forma de compreender essa definição é partir do que cada palavra, separadamente, significa. Política é uma palavra derivada do grego *politikó*, que significa a condição de participação da pessoa livre nas decisões sobre os rumos da cidade, a *pólis*. A palavra pública vem de origem latina, p*ublica*, e quer dizer "povo" ou "do povo".

Dessa forma, do ponto de vista etimológico, política pública refere-se à participação do povo nas decisões da cidade ou do território que o circunscreve. Historicamente, a participação do povo teve inúmeros tipos de formas distintas, dependendo da época e do lugar, podendo ter acontecido de forma direta ou indireta – como por representação, por exemplo. Independente da forma, o Estado foi o elemento fundamental no acontecimento da política.

Por analogia, assim como "política pública" é tudo aquilo que um governo faz ou deixa de fazer, política pública educacional é tudo aquilo que um governo faz ou deixa de fazer no campo da educação. Infelizmente, educação é um conceito muito amplo para ser tratada somente nos marcos das políticas educacionais. Em outras palavras, as políticas educacionais tratam mais especificamente de uma parte da educação, que em geral se aplica às questões institucionais, mas, como se pode constatar, a educação é algo que extrapola em muito o ambiente escolar.

O estudo sobre as políticas educacionais ganhou maior amplitude na última década, pois a história da educação redimensionou suas fontes de pesquisa. Assim, convenções, leis, decretos, campanhas publicitárias, parâmetros curriculares, instrumentos gerenciais, planos nacionais e regionais têm sido considerados fontes de estudo, além do próprio conceito de educação vir sofrendo revisões e reinterpretações sob novos enfoques,

que contribuem para uma discussão mais cuidadosa sobre su
contemporaneidade.

Além disto, deve-se lembrar do caráter da educação co
mento econômico, assim como o aumento quantitativo e qu
produção, inserida na passagem da produção de larga esca
tangíveis) para a produção de alto valor. Tais aspectos tornam
que os países capitalistas se integrem à nova ordem com a pr
bens tangíveis, o que não é possível sem uma parcela de inve
em educação. Assim, na medida em que qualifica os indivíd
trabalho, a escola infunde-lhes certa ideologia que faz com qu
uma condição de classe submetida ao sistema de dominação a
sujeição é, por sua vez, a condição sem a qual a própria qualific
o trabalho seria impossível (Freitag, 1986).

Em *A corrosão do caráter: as consequências pessoais do tra
novo capitalismo*, Sennett (1999) critica a flexibilização do cap
moderno, que aparece como uma nova oferta de um ambiente
para o crescimento pessoal. Embora o autor não trate específica
do campo educacional, que aqui está em questão, suas reflexões p
ser redimensionadas para esse contexto. O autor apresenta uma séri
reflexões acerca das novas condições de trabalho; em foco está tambe
o trabalho docente, que se impõe vinculado ao atual modelo capitalista
à lógica neoliberal. Nesse sentido, destaca-se a flexibilidade, por meio da
qual as formas rígidas de burocracia são atacadas, enquanto os problemas
decorrentes da rotina não são questionados. Solicita-se aos educadores
que sejam produtivos, abertos a mudanças em curto prazo, que assumam
riscos continuamente e resguardem as políticas educacionais para procedimentos formais.

Entretanto, por não existir mais a certeza de estabilidade – no que
diz respeito às bases do sucesso profissional – a esfera atual do trabalho
docente pede uma dedicação intensa. Não alcançar a "notoriedade" geralmente é interpretado como sinal de fracasso e de ausência de habilidade
pessoal ou pedagógica que facilmente é colocada no aluno que fica capturado pelas novas patologias do "não-aprender". Assim, a flexibilidade
exigida dos docentes rompe com os modelos tradicionais de conduta,
podendo afundar esses indivíduos na perplexidade e na confusão, absolutamente dependentes de uma indicação de caminhos a serem seguidos.

Além disso, como não há valorização do "longo prazo", a criação
de laços sociais profundos – condição básica para o estabelecimento de

~as compartilhadas – não ocorre. Sendo assim, o projeto educa-
curto prazo desgasta a confiança, a fidelidade e o compromisso,
docentes cada vez mais acuados em meio à instabilidade e aos
~s do Estado. Essa fragilidade nos laços sociais é também con-
da flexibilidade exaltada no modelo atual. Dessa forma, a ética
~o do professor sofre por falta de densidade nas experiências,
~ncia da falta de sentido no adiamento da satisfação, uma vez
~udanças rápidas, características do padrão capitalista flexível,
porcionam um ambiente que daria significado a isso.

nova realidade econômico-social não permite que aconteça a
~ão almejada por esses trabalhadores e, da mesma forma, corrói
~to os predicados que criam as ligações entre os seres humanos e
~regam uma identidade sustentável. O padrão de trabalho atual
~ rotina, imputando-lhe a culpa de destruir o trabalho. Contudo,
: afirma, ao contrário, que a rotina pode proteger o trabalhador.

autor adverte, ainda, a respeito de uma grande diferença da con-
~raneidade: o risco se transformou em algo que deve ser enfrentado
~amente pelas massas. Para estar no circuito, é necessário, assim,
eciar a incerteza. Correr riscos, abandonando experiências passadas,
alizações e talentos pessoais, é viver no limite previsto pela sociedade
neoliberal. Para o autor, um dos perigos de se permanecer no contínuo
estado de vulnerabilidade reside no fato de que a exposição ao risco
pode corroer o caráter do trabalhador. À medida que as coisas mudam
diariamente, estamos sempre começando do zero, situação que instala
um ambiente inóspito de condutas, ao estilo de um "vale-tudo". Essas
circunstâncias podem ser observadas na construção do TDAH.

> "Quem precisa de mim?" é uma questão de caráter que
> sofre o desafio radical do capitalismo moderno. O sistema
> irradia indiferença. Faz isso em termos de resultados do
> esforço humano, como nos mercados em que o vendedor
> leva tudo, onde há pouca relação entre risco e recompensa.
> Irradia indiferença na organização da falta de confiança,
> onde não há motivo para se ser necessário. É também na
> reengenharia das instituições, em que as pessoas são trata-
> das como descartáveis. Essas práticas óbvia e brutalmente
> reduzem o senso de que contamos como pessoa (Sennett,
> 1999, p. 174).

O mesmo aplica-se à tarefa de governar. Não se trata de pleitear em
defesa da mediocridade em matéria de política, mas de reconhecer que o

político, assim como o governo que resultará da sua prática, está movido por um ideal como causa; que há de ser reconhecido antecipadamente como inalcançável. O ideal não pode estar na frente, pois do contrário o governo será feito na sua permanente precariedade. O provisório será definitivo, desde que se saiba que o definitivo é impossível. E fazer bem-feito o provisório não é um demérito; é precisamente optar pelo bom, desistindo do melhor (Goldenberg, 2006).

Na contramão dessa afirmação, com a promulgação da Constituição em 1988 foi afirmado no Artigo 1º que a República Federativa do Brasil "Constitui-se em Estado Democrático de Direitos". Assumir essa condição significa dizer que o Brasil se submete à ordem jurídica ou às leis, de modo a proteger e salvaguardar os direitos de todos os cidadãos. Assim, o Estado promove uma estabilidade nos processos formativos do sujeito, pelo menos, perante a lei. O Estado de Direito, nesse sentido, compreende a supremacia da lei, o princípio de legalidade, a igualdade de todos perante a lei e a garantia dos direitos individuais e sociais, dentre os quais figura a educação. Além disso, garante a independência do magistério quanto à pluralidade de idéias e de concepções pedagógicas, e também a responsabilidade em regime de colaboração entre a União, Estados e Municípios, o que caracteriza a descentralização dos poderes.

O artigo 205 diz que a educação é direito de todos e visa ao preparo da pessoa para o exercício da cidadania. No mesmo artigo da Constituição Federal ainda se encontram os objetivos da educação nacional, dos quais: o primeiro diz respeito ao pleno desenvolvimento da pessoa – saber ser; o segundo refere-se ao preparo para o exercício da cidadania – saber conviver; e, por último, fala-se da designação para o trabalho – saber fazer. Assim, desenvolvimento, cidadania e trabalho são palavras centrais no campo das finalidades educacionais.

Já no artigo 206 estão descritas as bases que devem orientar o ensino, a saber: igualdade de condições de acesso e permanência na escola; liberdade de aprender, ensinar, pesquisar e divulgar o pensamento, a arte e o saber; pluralidade de ideias e de concepções pedagógicas; gratuidade no ensino público em instituições oficiais; administração democrática do ensino público e garantia de padrão de qualidade.

No entanto, conforme destaca Azevedo (2004), as políticas públicas refletem não apenas as relações de poder e os conflitos que operam sua definição, como também a própria representação que a sociedade apresenta de si no momento histórico em que emergem. De acordo com essa perspectiva, a análise de uma política pública precisa ir além da denúncia das relações entre Estado e Sociedade, que orientam sua proposição articulando-a ao projeto amplo de sociedade. Compreendendo a política enquanto resultado da prática social, destaca-se a necessidade de investigar as especificidades históricas e o sistema de significações que permeiam as relações sociais e caracterizam sua implementação em determinado contexto. Para a autora, as políticas públicas emergem de uma necessidade, problema social ou de uma questão socialmente problematizada. Assim, as políticas de caráter social apresentam uma importância fundamental para o Estado capitalista, uma vez que contribuem para efetivar os mecanismos de controle social, assegurando iniciativas e estratégias que administrem os conflitos sociais e que garantam os interesses do capital. Assim,

> A política educacional definida como *policy* - programa de ação - e, portanto, no contexto das relações sociais que plasma as assimetrias, a exclusão e as desigualdades que se configuram na sociedade e no nosso objeto. A questão, pois, é ter o sábio equilíbrio: manter uma postura objetiva que dote o conhecimento produzido de um coeficiente científico, sem abdicar de um nível analítico que contemple as condições de possibilidade da adoção de estratégias que venham a permitir a implementação de uma política de transformação (Azevedo, 2004, p. 9).

Portanto, o espaço escolar torna-se elemento fundamental para a investigação, pois nesse campo as ações da política educacional se concretizam e se articulam de forma dialética às relações de poder e dominação que se estabelecem na sociedade e às significações e às especificidades históricas daquela realidade. Azevedo (2004) afirma que a investigação da política educacional a partir dessa perspectiva supera a denúncia das grandes determinações e assume importância fundamental na compreensão das contradições resultantes da relação dessas determinações com as especificidades históricas de cada contexto.

Nesse sentido, partindo das contradições materiais presentes no momento em que tal política é proposta, percebe-se a importância de resgatar o movimento histórico pelo qual ela se configurou. É possível dizer que o desafio colocado à investigação das políticas educacionais vai além da análise das concepções e propostas apresentadas em seus programas e apreender suas contradições também requer uma investigação sobre as relações concretas pelas quais são implementadas e re-significadas em determinado contexto.

Assim, se exige mais do que a ação de constatar as relações de fundo que implicam na configuração da política educacional. É necessário apreender de forma dialética o movimento histórico – global e local – pelo qual suas propostas reproduzem-se e/ou se modificam. Tem-se, assim, a possibilidade de ir além da denúncia, percebendo-se que as práticas sociais, por não serem estanques, podem apontar os caminhos que vislumbram formas de resistência. Afinal, toda questão da socialização enquanto tendência social e histórica desemboca na acumulação flexível do capital, uma vez que a realidade se encontra em mutação configurando novas concepções do mundo que partilhamos.

Surge assim a reflexão sobre as novas condições socioculturais, a partir das quais o processo de semiformação, tal como descrito por Adorno, se aprofunda atualmente por meio da associação a uma possível mutação na percepção e constituição dos sujeitos. Essa mutação subjetiva está entrelaçada estreitamente com as políticas públicas educacionais e, no caso do TDAH, com o uso cada vez mais constante de drogas psicoestimulantes, no intuito de aumentar a atenção e o controle do comportamento da criança, buscando o ideal educativo jamais alcançado.

3

DESCONSTRUINDO O TDAH

A educação brasileira vive um momento bastante nocivo ao se apresentar de modo entrelaçado à esfera da saúde. Os encaminhamentos médicos e solicitações diagnósticas esmagam a infância em prol de um discurso pedagógico, no qual a criança e o desenvolvimento das funções psicológicas são considerados à parte do meio social. Tal prática exclui as ambiguidades da linguagem que fazem tanto do professor, quanto do aluno, efeitos de um discurso pedagógico que tece previamente posições simbólicas, imaginárias e reais de ambos, posições que passam por embates promovidos pela sociedade do consumo.

Nesse sentido, o diagnóstico, como discutido anteriormente, se caracteriza como método, pois implica em investigação com vistas à produção de conhecimento. Conjunto de procedimentos e regras para chegar ao resultado desejado. Assim, "interrogar-se sobre o "método" é interrogar-se sobre o caminho seguido em uma investigação. Já as intervenções estão no âmbito da técnica (do grego *tekhnikos*, que diz respeito a uma arte, de *techne*, arte manual, indústria, habilidade para fazer algo), definida como "aplicação prática do conhecimento científico teórico" (Japiassú; Marcondes, 1990), procedimentos pelos quais se aplicam conhecimentos científicos para obter determinado resultado.

O que ocorre com o diagnóstico de TDAH é uma descontextualização, ou seja, supõe-se que muitas das dificuldades das crianças sejam fontes de transtornos mentais que, por sua vez, são decorrentes de alterações químicas cerebrais. Trata-se de um caminho reducionista, que não escuta o sujeito e não leva em conta o histórico do sofrimento oculto por trás de um sintoma que aparece como uma doença do não-aprender. A formulação precipitada de um diagnóstico para um transtorno psíquico é um desserviço àqueles que buscam a "verdade" por trás do sintoma, tendo apenas a função de viabilizar um controle biopolítico sobre os corpos e as mentes dos pacientes.

Um dos meios mais utilizados para diagnosticar o TDAH – desde leigos a professores e profissionais da saúde – pode ser encontrado no *website* da Associação Brasileira de Déficit de Atenção[25] (ABDA). Além de ser um dos mais visitados, o *website* conta com o patrocínio, nada imparcial, como logo se vê, de três empresas farmacêuticas e veicula informações e testes que "auxiliam" pais e professores a realizar o diagnóstico.

O teste, denominado SNAP-IV, foi construído a partir dos sintomas do DSM-IV da Associação Americana de Psiquiatria, sendo bastante simples, repleto de questões totalmente subjetivas. O formulário é composto por um questionário com 18 perguntas mal formuladas, cujas respostas são ainda mais incertas: "nem um pouco", "só um pouco", "bastante" e "demais". Assim, com somente seis respostas positivas, está selado o diagnóstico de uma doença neurológica, que deverá ser tratada com psicotrópicos por toda a vida.

As 18 perguntas formuladas pela ABDA[26], podem oferecer facilmente o diagnóstico tão buscado para as dificuldades de aprendizagem, que coloca sobre a criança o problema e isenta a escola de sua tarefa de ensinar. O leitor pode observar que, de fato, a maioria delas pode ter infinitas interpretações. Ao lado de cada uma, cabe uma crítica sobre sua ambiguidade. Note:

1. Não consegue prestar muita atenção a detalhes ou comete erros por descuido nos trabalhos da escola ou tarefas. – *O que seria prestar muita atenção? Se são detalhes, merecem ter muita atenção? Cometer erros por descuido não nos parece algo factível para um suposto diagnóstico, uma vez que, se deve examinar que tarefas são essas? Como foram solicitadas e principalmente, se o aluno as compreendeu?*

2. Tem dificuldade de manter a atenção em tarefas ou atividades de lazer. – *Que atividades são essas? O que se compreende por "manter*

---

[25] A ABDA foi escolhida aqui por ser a maior e mais divulgada associação que "promove" o TDAH. Todavia, vale lembrar que em julho de 2012, a ABDA divulgou em sua página eletrônica e difundiu por meio de correio eletrônico (newsletter) um manifesto assinado por vinte e nove entidades médicas contra matérias sobre o TDAH veiculadas "pela mídia jornalística não especializada". Segundo o manifesto, intitulado Carta de esclarecimento à sociedade sobre o TDAH, seu diagnóstico e tratamento vêm sendo difundidos por profissionais que se dizem especialistas em saúde e educação, mas, que emitem opiniões pessoais equivocadas por meio das quais se expressa a mensagem de que o TDAH não existe. O manifesto ainda menciona a existência de pesquisas científicas que provam a existência do transtorno e classifica a crítica como ignorância e crime (ABDA, 2012). A carta afirma que apenas os especialistas (os detentores de um saber científico especializado) podem proferir a verdade sobre o TDAH, seu tratamento e o indivíduo que o porta; retirando da criança qualquer possibilidade e reiterando, ainda mais, o biopoder.

[26] O site e o teste citado se encontra disponível em: http://www.tdah.org.br.

a atenção"? Como esse tempo é medido? O que é considerado lazer? O aluno, também acha?

3. Parece não estar ouvindo quando se fala diretamente com ele. *– Quem fala? o que fala? E como fala?*

4. Não segue instruções até o fim e não termina deveres de escola, tarefas ou obrigações. *– O aluno compreendeu as instruções que deve seguir? A qual faixa etária e qual etapa educacional o teste se refere? O aluno encontra??? nesse significado?*

5. Tem dificuldade para organizar tarefas e atividades. *– Que atividades e tarefas são essas? Ter dificuldade é o mesmo que ser incapaz? Por que toda dificuldade parte do aluno e não do processo ensino-aprendizagem?*

6. Evita, não gosta ou se envolve contra a vontade em tarefas que exigem esforço mental prolongado. *– A criança se envolve contra a vontade? O que seria um esforço mental prolongado? O que se entende por vontade?*

7. Perde coisas necessárias para as atividades (por exemplo: brinquedos, deveres da escola, lápis ou livros). *– Perde de que maneira? Perder objetos não pode se tratar de uma eventualidade? Por que não utilizar tais situações para estimular a prática da responsabilidade, em vez de abordar tais fatos como sintomas?*

8. Distrai-se com estímulos externos. *– A quais estímulos se refere o teste, uma vez que a própria palavra estímulo corresponde a "excitação", no sentido de incitar? Por que os estímulos externos são mais atraentes do que a sala de aula? E por que não aproveitar os estímulos externos para impulsionar a aprendizagem?*

9. É esquecido em atividades do dia-a-dia. *– Quantas atividades essa criança possui durante o dia? Será que, se fosse de seu interesse, ele esqueceria? Será que o aluno participou das escolhas dessas atividades ou lhes foram impostas sem sentido? Além da própria pergunta trazer em si a resposta, quando se refere à criança como "esquecido".*

10. Mexe com as mãos ou os pés ou se remexe na cadeira *– Todo mobiliário escolar é adequado a cada idade das crianças e visam*

uma postura correta? Não teria a escola que rever o modo que está organizado o espaço escolar?

11. Sai do lugar na sala de aula ou em outras situações em que se espera que fique sentado. – *Quem espera? De quem? A aprendizagem, segundo os planos de educação, não é para ser ativa? Por que então o impedimento de interagir com outras crianças? Por que ditar sempre padrões de comportamento, onde quem não se encaixa fica rotulado como hiperativo?*

12. Corre de um lado para outro ou sobe demais nas coisas em situações em que isso é inapropriado. – *Como avaliar o que é inapropriado? Quem avalia? Esse não poderia ser considerado um comportamento curioso e, portanto, facilitador da aprendizagem?*

13. Tem dificuldade em brincar ou envolver-se em atividades de lazer de forma calma. – *A criança deve envolver-se na atividade ou ficar calma? Novamente se pode perguntar o que seria uma atividade de lazer?*

14. Não para ou frequentemente está a "mil por hora". – *Novamente, como é medido esse tempo? E quem o mede tem condições de fazê-lo e sob qual critério?*

15. Fala em excesso. – *Ora não responde, ora fala em excesso? Não é interessante que o aluno fale? Não se espera que a criança interaja no processo educacional? É solicitado ao aluno que se cale por mais de cinco horas ou que regule sua fala?*

16. Responde às perguntas de forma precipitada antes delas terem sido terminadas. – *Há um tempo para a resposta? O aluno compreendeu e foi exposto a essa questão? Por que a pergunta parece sempre trazer em si algo prejudicial que está somente no aluno?*

17. Tem dificuldade de esperar sua vez. – *Sua vez para o quê? O aluno tem que se envolver, esperar e ter calma? Estamos falando de que criança? Os Parâmetros Curriculares Nacionais (PCNs) não buscam um aluno ativo e que se envolva nas atividades escolares?*

18. Interrompe os outros ou se intromete (por exemplo: intromete-se nas conversas, jogos, etc.). – *Interrompe ou não responde, é isso? Busca-se um aluno apático ao sistema educacional, então?*

Após a análise das 18 questões, ficam evidentes a fragilidade e a ambiguidade com que se dá a maioria dos diagnósticos, que, de forma geral, são realizados previamente pela escola, até mesmo para justificar o encaminhamento da criança para a saúde e sua consequente medicalização. Afinal, na busca de defeitos, não há interesse ou mesmo consideração à diversidade. Há apenas a transformação de padrões sociais em biológicos e em critérios de doença neurológica, tornando patológico tudo que não corresponde ao modelo esperado.

Nesse sentido, a sociedade contemporânea pode ser vista como a sociedade dos estereótipos. A consequência é o grande estigma que solapa a educação e que pode ser observado nos altíssimos índices de evasão escolar e nos projetos para sua contenção, que acabam por redundar no aumento do número de analfabetos[27]. Exemplos disso são os projetos sociais que desembocam na educação e projetos-de-lei como bolsa-escola, bolsa-família, auxílio-alimentação, diminuição de alunos por sala de aula, entre outros, na tentativa de fazer da educação um bem universal. Assim, podemos dizer que a perseguição de um bem culminou em um mal perverso, ou seja, no fracasso das escolas em sua função de ensinar.

Deve-se pensar na função semiótica do discurso, tanto interior como exterior, num processo contínuo em que a linguagem determina a consciência e a atividade mental que, por sua vez, é determinada pela ideologia na qual o discurso reflete e refrata o sujeito contemporâneo. Podemos nos perguntar como o discurso da educação tem marcado e descrito essas crianças que não aprendem. Que lugar, por exemplo, elas têm ocupado, além dos ultrapassados – embora presentes – discursos da teoria da carência cultural e da patologização do cotidiano escolar?

Para responder tais questões, faz-se importante voltar o olhar para o interior da escola. Voltamos aqui a Foucault, no intuito de compreender a perversidade do sistema normalizador, que aprisiona o ser humano em um sistema socialmente constituído sob imperativos sociais ora camuflado, ora declarado da perversidade do Estado. Supõe-se que a indisciplina ameace as estruturas construídas e consideradas adequadas

---

[27] Os números são imprecisos sobre o fato de crianças que, com a progressão continuada, saem do Ciclo II ainda não alfabetizadas.

diante de tal perspectiva, mas pode-se dizer que, atualmente, a sociedade neoliberal tece as necessidades para aqueles que, supostamente, não se enquadram, dispondo de uma combinatória constituída pelos discursos médico e tecnológico.

Ao tentar construir um outro *locus* para os excluídos, explicita-se que seu lugar real não está na sociedade dominante. Assim, sua exclusão, velada ou não, torna-se legítima. Dizer que o sujeito não cabe na escola é criar outra escola, e isso significa criar outra sociedade (será a sociedade *high-tech*?) para um outro e novo tipo de sujeito/aluno que se apresenta na atualidade.

Por isso, as drogas para déficit de atenção aumentam a concentração rapidamente e funcionam tão bem para estudantes rodeados de exigências escolares. Porém, quando administradas à criança por longo período de tempo, elas não melhoram o desempenho escolar nem reduzem o que se entende por problemas de comportamento. Tais drogas também têm efeitos colaterais sérios, incluindo a perturbação do crescimento, dependência, apatia, entre outros. Infelizmente, poucos médicos, pais e educadores parecem estar cientes sobre a ineficácia dessas drogas e sobre o mal-estar que envolve a educação como um todo.

Souza (1984) explica que, nessas instituições, ocorre um efeito de naturalização, como se o que acontecesse com a criança fosse decorrente da própria natureza das coisas e não da história. Ou seja, a criança é medicada porque possui um déficit biológico totalmente inerente a ela, desresponsabilizando toda a equipe escolar. Afinal, quando algo é naturalizado, as relações ficam estagnadas. Esse processo de normalização e de homogeneização aprisiona a diferença em um sistema negativo e comparativo. Comparam-se as diferenças em busca do normal – a boa cópia do modelo ideal –, fora das relações. Assim, aposta-se na existência do aluno ideal, do professor ideal e da educação ideal, o que está longe de acontecer.

Em *Ritalin Gone Wrong*, publicado no jornal *The New York Times* em 28 de janeiro de 2012, Alan Sroufe[28] discute sobre o uso de fármacos, como o metilfenidato, para o tratamento de problemas de atenção e concentração em crianças. Nos anos da década de 1960, acreditava-se que crianças com dificuldades de concentração estavam sofrendo de algum problema

---

[28] Professor emérito de Psicologia no Instituto de Desenvolvimento Infantil da Universidade de Minnesota – EUA.

cerebral, genético, ou talvez algum outro problema que já possuíam ao nascer. Dessa maneira, pensava-se que essas crianças precisavam das drogas para o déficit de atenção para corrigir a bioquímica. Mas o que se viu é que não existem comprovações científicas que amparem tal teoria. Contudo, perguntas continuaram a ser feitas, especialmente no que diz respeito ao mecanismo de ação da droga e a durabilidade dos efeitos, afinal, o metilfenidato – uma combinação de dextroanfetamina e anfetamina – é bastante estimulante. Entretanto, por que a substância é utilizada para acalmar as crianças?

Alguns especialistas argumentavam que o cérebro das crianças com problemas de atenção seria diferente e que, por esse motivo, as drogas desempenhavam um misterioso efeito paradoxal, pois sendo um estimulante "acalmaria" o comportamento delas. Estranhamente, não existia contrassenso algum, mesmo perante o fato de algumas drogas similares ao metilfenidato terem sido ministradas em soldados durante a Segunda Guerra Mundial, com o intuito de mantê-los acordados e concentrados em tarefas tediosas e repetitivas.

Em 1983, todavia, Sroufe revisou novamente a literatura sobre drogas para déficit de atenção e notou que as crianças, com ou sem problemas de atenção, respondiam de forma similar às drogas estimulantes. Observou também que, enquanto as drogas ajudavam as crianças a se acalmar durante as aulas, tais substâncias, na verdade, aumentavam a atividade no recreio. Assim, de maneira geral, estimulantes tem os mesmos efeitos tanto para crianças quanto para adultos, pois fortalecem a habilidade de concentração, especialmente em tarefas que não são intrinsecamente interessantes ou quando a pessoa está cansada ou aborrecida, o que não melhora suas habilidades de aprendizagem.

A certeza e convicção de que o déficit de atenção é uma doença crônica é tão grande e infiltrada na sociedade que os responsáveis pelas políticas públicas praticamente cancelaram a busca por uma compreensão mais abrangente dessa condição, além da medicalização. Afinal, são milhões de dólares investidos e lucrados pela indústria farmacêutica. O *National Institute of Mental Health* financia pesquisas que enfatizam os componentes fisiológicos e cerebrais do TDAH, sem ao menos mencionar o contexto social em que a doença aparece. Com essa atitude nega a possibilidade de não ser algo orgânico, mas sim um sintoma de nossa sociedade, e, sobretudo, do ambiente escolar que passa por inúmeros desafios. Mesmo existindo pesquisas com abordagens diferentes para o problema, pouco é estudado com relação à experiência dos fatos. Cientes dessa orientação, os cientistas tendem a apresentar somente pedidos de financiamento de pesquisas que objetivam elucidar a bioquímica. Além disso, a cada dia surgem mais escândalos sobre as fraudes nas pesquisas e nos resultados, influenciados pelas multinacionais, que decidem até o que se ensina aos futuros médicos nas universidades e o que se publica e se expõe nos congressos de medicina.

Assim, a mudança do conceito de "doença mental" para "transtorno" e "síndrome" ampliou exponencialmente a quantidade de enquadramentos diagnósticos e de medicalização dos pequenos desvios sociais perante os padrões pré-estabelecidos. O consumo exacerbado de psicofármacos é não apenas um indicativo de uma tendência global do aumento com gastos em medicamentos, mas também um sinal claro do importante papel que as sociedades contemporâneas colocam nas substâncias psicoativas, isentando, como sempre, a escola, que anda muito mal no seu papel de ensinar.

Foucault (1997) nos legou uma perspectiva analítica da ascensão das práticas de farmacologização, ao ressaltar que a produção e a incitação das relações de poder, como exercício e dinâmica de forças móveis, tramam o conhecimento. Ao mesmo tempo, essas relações concebem corpos saudáveis, ágeis, capazes, normalizados, politicamente obedientes e adestrados para o trabalho e para a educação disciplinar. Ademais, deve-se considerar que a fragilidade do indivíduo pode ser compensada pela adesão a uma ilusão coletiva, representada pela sociedade de consumo, regida pela indústria cultural, que, por sua vez, se caracteriza como instrumento imprescindível de controle social.

É interessante avaliar que a psicanálise de Freud contribui para a formação da Teoria Crítica sob dois aspectos: ao proporcionar elementos para uma crítica da cultura e ao permitir a abordagem da relação entre indivíduo e cultura por meio da teoria da personalidade. Se a psicanálise trata e tem como preocupação primeira o indivíduo, este se encontra prejudicado no interior da cultura. Isso torna evidente e necessário um acesso crítico a esta última, pois:

> Passamos de uma cultura fundada no recalque dos desejos e, portanto, cultura da neurose, a uma outra que recomenda a livre expressão e promove a perversão. Assim, a "saúde

mental", hoje em dia, não se origina mais numa harmonia com o Ideal, mas com o objeto de satisfação (Melman, 2008, p. 15).

Assim, o conhecimento da psicanálise e da teoria crítica da sociedade podem auxiliar em uma reflexão sobre a alienação do sujeito e sobre o laço social da sociedade capitalista, em que não se pode ignorar os novos sintomas que permeiam o sofrimento psíquico da contemporaneidade. Cabe lembrar que tais sintomas, muitas vezes, têm início no período de escolarização, onde se encontram, por excelência, as diferenças. Trata-se de um momento histórico, que ainda envolve um ambiente no qual todo mal-estar busca ser curado, seguindo a lógica baseada em um ideal de sujeito definido por critérios de homogeneização.

O manifesto freudiano definitivo concernente a essa articulação foi publicado em seu livro de 1921, intitulado *Psicologia das massas e análise do eu*. Sua tese pode ser resumida na ação de que toda psicologia individual é, ao mesmo tempo, psicologia social, pela simples e inevitável presença do outro e do grande outro que o constitui como modelo, objeto ou adversário. A oposição entre o individual e o coletivo desloca-se aos processos libidinais que envolvem o outro e aos processos relativos ao narcisismo. Dessa forma,

> [...] não podemos, é verdade, prever com facilidade quais os novos caminhos que o desenvolvimento da civilização vai tomar; uma coisa, porém, podemos esperar; é que, nesse caso, essa característica indestrutível da natureza humana seguirá a civilização (Freud, 1996c, p. 118).

Entretanto, pode-se dizer que os inocentes, se assim os podemos denominar, serão os culpados. Eis o segredo do mal-estar que afeta a cultura: a civilização está fundada no fortalecimento e manutenção do superego, e não há remédio para o incômodo, senão virtudes que não passam de sintomas do recalcamento do desejo transgressivo, comandado pelo ideal. Assim, quem permanecer na coletividade sem recalcar o mesmo significante ideal que os outros membros estará, na civilização, em condição estrangeira ou, dependendo das circunstâncias, inimiga.

Definições de política podem auxiliar na compreensão do que se almeja aqui. Política pode ser considerada como arte de organizar e dirigir uma sociedade, ou ainda, um conjunto de meios para regulamentar as relações entre indivíduos de um coletivo, ou seja, maneiras de governar.

A clássica definição de Aristóteles expressa a política como um arsenal de práticas colocadas a serviço de se alcançar a felicidade de viver em conjunto.

Em o *Mal-estar na civilização, Totem e tabu, Moisés e a religião monoteísta*, bem como *Psicologia das massas e análise do eu*, Freud nos oferece subsídio teórico sobre a ação política, com a reserva de certa dificuldade em articular a psicologia individual da coletiva; pois, para o pai da psicanálise, toda psicologia individual é, ao mesmo tempo, psicologia social, pela presença indomável do outro na constituição do sujeito. Neste sentido, qualquer relação pulsional com o outro envolve uma parte de si perdida, que pode ser relacionada com as grandes formas sociais centradas no sacrifício[29] em que o sujeito é levado a fazer para pertencer a uma classe, ou seja, as renúncias pulsionais exigidas pela civilização.

Após cem anos da *Interpretação dos sonhos*, obra essencial de Freud para uma leitura dos novos sintomas da contemporaneidade, pode-se expor o inconsciente dentro do acervo cultural que culminou na hipótese de uma etiologia inconsciente dos sintomas. Por isso, o diagnóstico não deve ser situado em um conjunto que se interliga ao nível do sintoma, mas aquele na qual, esse sintoma, o fantasma se implica. Afinal, não existe objetivo algum e a patologia mental do aprender se inscreve em um distúrbio do comportamento em relação a uma norma. Norma que só existe por consenso grupal sobre o que é comportamento normal e o que é o desviante, como anteriormente discutido.

A norma varia conforme o meio e a cultura, em que a realidade é sempre aproximada, mas nunca alcançada; e onde o diagnóstico agora é definido pelo tratamento que lhe é aplicado, no caso do TDAH o metilfenidato parece marcar a doença da criança e seus sintomas. Essa é uma das consequências mais perversas da nosologia psiquiátrica e sobre a indústria medico-farmacêutica. Assim, os testes usados de maneira indiferente, bem como os "conselhos" se transformam em slogan de uma sociedade que não suporta mais o mal-estar constitutivo e o torna categoria simbólica do fracasso do sujeito que se faz afiançado de uma realidade que o representa como doença do não-aprender e, portanto, medicalizável.

A instituição escola anuncia, dessa forma, um saber sobre a família e sobre a criança e, como tal, comparece como imperativo da sociedade

---

[29] Jacques Lacan foi quem situou a interrogação freudiana sobre pulsão de morte que assombra a psicologia das massas em seu devido lugar, articulando-a com dois problemas notados, mas não propriamente elaborados por Freud ali, a saber: o sacrifício e o inimigo.

hodierna, cujo limite ético se vê diluído nas certezas absolutas prescritas pela sociedade do consumo. Assim se faz a culpabilidade do "inocente". Eis aqui o mal-estar que afeta a cultura moderna. A civilização está assim fundada no fortalecimento e manutenção da culpabilidade, comandada pelo ideal de sujeito sempre negociável, sendo em massa ou a varejo. Não se trata de aplicar um conhecimento prévio ou recém-alcançado, para vir à tona uma verdade que preexistia, o TDAH, mas de um ato que, antes de se fundamentar nela, a cria.

Por fim, a educação, no fundo, sabe que toda forma de conhecimento é provisória e que amanhã será superada por outra. O problema se dá porque toda forma de educação mira o absoluto e, assim, tolera o efêmero, o perecível, como um estado a ser superado. O objetivo da educação é o definitivo e um educador está ciente de sua vontade de atingir a verdade. Isso não quer dizer, contudo, que ele deva afirmar poder fazê-lo, ao contrário. Se ele acreditar nisso, cairá na consequente barbárie dos tempos atuais posto na medicalização como silenciamento da vida.

3.1 TDAH e os choques imagéticos

Postman (1999), em seu livro *O desaparecimento da infância*, diz que sempre houve a existência da criança, mas o conceito de infância que se tem atualmente, é fruto da modernidade. Ele relata a passagem da prensa tipográfica, da invenção do telégrafo e o desenvolvimento da mídia eletrônica como processos que decompuseram a infância, como estrutura social, transformando-a em algo insustentável e sem propósito, além de torná-la suscetível a inúmeras mudanças e até mesmo de seu fim.

No século 16, surgiu a imprensa (tipografia), que possibilitou a divulgação de escritos e, consequentemente, a difusão de diversas formas de comunicação, marcando, assim, a forma de ser adulta, diferenciando-se da criança pela possibilidade da leitura e ampliando a necessidade da alfabetização para passagem ao mundo adulto. Além disso, a escrita anunciou novos conhecimentos e propiciou a aquisição de formas inovadoras de organizar o pensamento. Com isso, a alfabetização se fez necessária para adentrar no mundo do adulto, recriando, desse modo, as escolas, transformando a infância em uma necessidade.

Após essas transformações, a família também passou a ser vista como uma instituição educacional, investindo cada vez mais na criança, entendida como um sujeito que deve ser preparado para assumir o mundo simbólico do adulto. Com a chegada das mídias eletrônicas, especialmente da televisão, pôde-se notar que a separação entre adulto e criança foi se desfazendo, pois assistir a algo não se fazia necessária a aquisição das habilidades da escrita e leitura. Afinal, as crianças não precisam ir à escola para aprender a assistir à televisão, por exemplo. Com isso, notou-se segundo o autor a presença da criança adultilizada e do adulto infantilizado, chegando ao que ele descreve como o desaparecimento da infância, que tornou-se um artefato cultural.

As mídias eletrônicas em geral passaram então a administrar a vida em sociedade, parecendo ser impossível privar a criança dessa rede perniciosa de relações, da qual elas se tornam um emergente consumidor. Nesse sentido, na sociedade atual, as atividades da família começaram a ser definidas em função das crianças. Desde o cardápio de qualquer refeição até as músicas tocadas no rádio do carro e os programas de TV, tudo deve obrigatoriamente satisfazer o gosto dos pequenos. Em resumo, são as crianças que passam a comandar o que acontece e o que deixa de acontecer em casa; e, por consequência, em outras instituições em que ela se faz figura central.

Segundo Neder (2012), as mudanças no conceito de família tiveram início no século 18, com Jean-Jacques Rousseau, filósofo suíço, e um dos principais nomes do Iluminismo, e chegou ao século XX com a "religião da maternidade", em que o bebê é um deus e a mãe, uma santa. Fundou-se, então, a ideia do que deve ser uma boa mãe sob a crença de que ela é responsável por tudo que acontece na vida do filho. Nessa perspectiva, a autora forja um novo conceito – a infantolatria, a partir de uma concepção da mãe como súdita do filho. Segundo essa concepção, o adulto se coloca categoricamente disponível para a criança, eximindo os pequenos de qualquer responsabilidade ou obrigação e, muitas vezes, adentrando as categorias da moral. Parafraseando Neder (2012): "um bebê não tem poder para determinar como será a dinâmica familiar. Se isso acontece, é porque os pais o promovem".

O ato de tentar agradar a criança o tempo todo é o primeiro passo para criar grandes dificuldades no futuro próximo. Exatamente tal comportamento da família, que adicionado às demandas escolares, tem impulsionado novas patologias do não-aprender. Afinal, a criança da sociedade atual, como apontou a autora, não sabe mais esperar. Etimologicamente, o verbo "esperar" é derivado do substantivo "esperança", que significa "confiar em" ou "contar com". Assim, a criança que aprende a esperar e que, durante esse processo, tem pais ao seu lado reafirmando a necessidade dela, finalmente ganha confiança e aprende a fazer laços com mais facilidade.

O que acontece hoje é que as crianças não aprenderam a esperar, nem a lidar com a expectativa e a frustração. Assim, praticamente enlouquecem até que o adulto lhes forneça o que querem para se ocupar ou se distrair. A atenção ou o bom comportamento das crianças são conseguidos, via de regra, por meio de *iPads*, programas de TV e tantos outros aparatos tecnológicos (Tecnologias da Informação e Comunicação – TIC) que lhe fornecem magicamente um gozo por meio dos choques de imagens. Por isso, muitos adultos não se sentam mais à mesa com crianças num restaurante sem que antes liguem um aparelho audiovisual qualquer. Isso faz com que, simbolicamente, os pais troquem os alimentos, bem como a relação interpessoal, pelos aparelhos audiovisuais. Pois, alimentar uma criança com comida também é alimentá-la com afeto, para que seja saudável. Em contraste, alimentá-la com imagens e sons é alimentá-la de impaciência, falta de interação, ausência de respeito, diálogo, e, principalmente, tédio.

A escola, do mesmo modo, deixou de ser um lugar de ensinar para se tornar mais um lugar do mercado. Invadido pela cultura midiática, oprime aqueles que não se adequam aos formatos que se instituem. Nesse sentido, cada prática se torna um "bem capital", no qual os afetos, o pensamento e os saberes cotidianos e científicos ganham dimensão econômica, tornam-se mira de tentativas de obediência política e de regulações. O que se nota, é uma adequação da escola frente aos "novos alunos-clientes", em que as crianças ocupam um papel decisivo no contexto escolar. A escola, por sua vez, se afasta cada vez mais de seu objetivo único: manter-se como lócus privilegiado do conhecimento historicamente construído, para atender aos pedidos da sociedade neoliberal.

Para contextualizar tal crítica, pode-se recorrer ao conceito de *panopticon* – pan-óptico – mobilizado por Foucault (2013) para descrever o sistema de controle social. O pan-óptico permite a uma instância o controle completo sobre determinado espaço social. Trata-se de uma torre central, alta o suficiente para ter contato visual com todo espaço a ser vigiado, configurado em círculo, com seus raios convergindo sobre o centro de controle. Com a invenção da televisão na década de 1940, as câmeras dispensaram a torre central, pois poderiam levar o olho para dentro de qualquer lugar por meio da tela; criando a ilusão de ser o telespectador quem controla o pan-óptico. Desse modo, esquece-se frequentemente de mencionar que o tempo a mais para a televisão é o tempo a menos para a família, essencial para se cultivar na criança necessidades essenciais de um sujeito "saudável". Afinal, com a televisão reduziu-se o tempo para a criação de novas relações e, em especifico, o espaço, o lugar de transmissão geracional e cultural da vida.

> Neste sentido, a expressão "filhos da televisão", tomada ao pé da letra, ao invés de provocar risos, deveria verdadeiramente aparecer como o que ela é: antes patética, de tanto que ela verifica o fato de que a televisão efetivamente roubou o lugar educador dos pais em relação aos filhos, para tornar-se o que estudos quebequenses nomeiam como "terceiro parental" particularmente ativo, suplantando em muito os verdadeiros pais (Dufour, 2005, p. 123).

Como então pensar a educação como formadora, se as crianças, antes mesmo de chegarem às escolas, já estão "devoradas" pelas imagens? Como exigir das crianças que sentem em filas e aprendam através de materiais apostilados e que eliminem qualquer singularidade no processo de ensino-aprendizagem, sem que o sistema as adoeça? (Dufour, 2005).

Em *Três ensaios sobre a sexualidade* (1996), Freud ensina que a pulsão do saber está ligada à necessidade de investigação que surge com a sexualidade, entre 3 e 5 anos. A pulsão sexual percorre o corpo – as zonas erógenas – contribuindo para a constituição psíquica do sujeito e sua dimensão desejante. Quando sublimada, porém, manifesta-se por meio do interesse, da observação e do ato de desvendar, que têm como fonte motivadora a pulsão escópica.

O desejo de saber se manifesta na criança pela ânsia de saber sobre o sexual. Assim, o desejo de saber, a curiosidade e a possibilidade de perguntar são despertados a partir da dissolução do complexo de Édipo[30].

---

[30] O complexo de Édipo tem seu auge entre o terceiro e quinto ano de vida da criança, período concomitante à fase fálica. Sua sucumbência marca o início da fase de latência. Tem como função estrutural a formação da personalidade e o direcionamento do desejo humano. O complexo de Édipo seria a representação da criança na relação triangular estabelecida com os cuidadores. Freud atribui três funções fundamentais ao desencadeamento do complexo de Édipo, quais sejam: a) A escolha do objeto de amor, visto que as escolhas objetais efetuadas na puberdade são marcadas pelos investimentos de objeto, pela interdição do incesto e pelas identificações referentes ao período edípico; b) Acesso à genitalidade, pois o complexo de Édipo, quando resolvido por meio do processo de identificação que dele deriva, permite a primazia do falo; c) Estruturação

Todavia, antes de aprender ou assimilar o saber, uma determinada ordem deve ser instaurada na família entre pai, mãe e filho. A partir dessa ordenação, a criança pode construir uma história e, portanto, interessar-se pelo saber e ordenar os significantes proporcionados pela escola.

Se avaliarmos que nos primeiros três anos de vida da criança, o desenvolvimento da cognição se dá por meio do desenvolvimento da intersubjetividade, ou seja, que as diferentes fases da interação da criança com seus pais e/ou cuidadores se dão por intermédio de partilhar experimentos e do olhar partilhado, a utilização de aparelhos tecnológicos modificará substancialmente esse acontecimento. O uso de tecnologias por um longo período de tempo retira da criança essa relação fundamental que ocorre por meio da socialização. Assim, o prejuízo em termos de aprendizagem pode ser significativo.

O uso maciço das TIC produz, portanto, uma espécie de rebaixamento das crianças pela televisão, que começa muito cedo, tornando a questão ainda mais importante. As crianças que hoje chegam à escola são amiúde estimuladas por televisões, tablets, *iPads* e inúmeros aparelhos tecnológicos desde a mais tenra infância, e a maioria deparam-se com as telas antes mesmo de aprenderem a falar. Além disso, diante desses aparatos, as crianças mantêm-se quietas sem despender trabalho aos pais, o que muitas vezes leva-os a exporem seus filhos em demasia às TIC. O consumo de imagens, neste sentido, atinge várias horas do dia e a inundação do espaço familiar por esse fluxo ininterrupto de imagens não deixa de ter, evidentemente, implicações consideráveis na constituição do sujeito. Dessa forma,

> A televisão, pelo lugar preponderante ocupado por uma publicidade onipresente e agressiva, constitui um verdadeiro adestramento precoce para o consumo e uma exortação à monocultura da mercadoria. Aliás, essa incitação excessiva não é desprovida de visadas ideológicas. Os mais agressivos publicitários entenderam perfeitamente que partido podiam tirar do desabamento pós-moderno de toda

---

da personalidade por meio da constituição das três instâncias do aparelho psíquico: id, ego e superego. Freud ressalta a necessidade de que o complexo seja não apenas recalcado, mas destruído para que o indivíduo entre no período de latência. Nesse sentido, o processo não ocorre de maneira efetiva sem a sua sucumbência, pois o ego permaneceria no id em estado inconsciente, o que mais tarde se manifestaria através de uma patologia. O complexo de Édipo ainda é relacionado ao mito do Totem e Tabu, na medida em que esse seria a fonte de uma instância interditória primária necessária ao estabelecimento da cultura. Assim, fica evidente que, para Freud, o complexo de Édipo possui um caráter fundamental.

> figura do Outro: eles também não hesitam em recomendar entranhar-se na "fragilidade da família e da autoridade para instalar marcas, novas referências". As marcas como novas referências: estamos aí no coração de uma operação ideológica inédita portadora de efeitos clínicos consideráveis nas nossas sociedades pós-modernas (Dufour, 2005, p. 121).

Dufour realiza uma análise interessante sobre este processo de dessimbolização, marcada pela lógica da mercadoria, em que as imagens parecem ser o catalisador principal e uma das ferramentas mais potentes do neoliberalismo. O autor indaga de que forma o sujeito está se instalando hoje, ou seja, o que está acontecendo com os sujeitos inseridos, mergulhados e invadidos por imagens. Afinal, o consumo de imagens atinge atualmente muitas horas da vida diária de todos.

Em uma das formas, as imagens se interpuseram junto ao espaço familiar em um fluxo constante, o que não deixa de ter efeitos consideráveis sobre o sujeito, mesmo porque, tais imagens servem às ideologias mais diversas, realizando um verdadeiro adestramento em prol do capital. Segundo Dufour, está em curso um "achatamento" das crianças via imagens, cujo papel nocivo é exercido pela publicidade, enquanto o conteúdo consiste em cenas de violência às quais as crianças ficam expostas.

> [...] o uso da televisão é muito pernicioso, já que ele só pode afastar ainda mais o sujeito do domínio das categorias simbólicas de espaço, de tempo e pessoa. A multiplicidade das dimensões oferecidas pode se tornar um obstáculo a mais para o domínio dessas categorias fundamentais, turvando sua percepção e se acrescentando à confusão simbólica e aos desencadeamentos fantásticos. É nada menos que a capacidade discursiva e simbólica do sujeito que se encontra então posta em causa. Sendo impotente para transmitir sozinha o dom da palavra, a televisão dificulta a antropofeitura dos recém-vindos, ela torna difícil o legado do bem mais precioso, a cultura (Dufour, 2005, p. 132).

Atualizando e reafirmando as reflexões de Adorno e Horkheimer (1985), C. Türcke (2010a) adverte sobre as consequências dos microchoques imagéticos. Contribuição que pode auxiliar na problematização do diagnóstico de TDAH aplicado às gerações movidas por psicoanalépticos. Türcke (2010a) afirma que o choque de imagens exerce uma fascinação estética, ao fornecer sempre novas imagens que penetram em toda a vida cotidiana, de modo a estabelecer um espaço mental em regime de atenção excessiva. Com isso, pode-se dizer que os microchoques das imagens ocasionaram uma mutação no regime de percepção atual, cujo déficit é um dos sintomas manifestos da sociedade hodierna. Por isso, é tão mais simples para estas crianças chamadas de hiperativas permanecerem concentradas diante de computadores, jogos virtuais, televisores 3D, entre outros, uma vez que esses aparelhos proporcionam-lhes uma satisfação imediata de suas pulsões[31].

Esses microchoques de imagens se conectam à vida, tornando-se um ponto focal de um regime de atenção global de excessiva duração. Nesse ponto, chegamos ao centro de nosso objeto: afinal, como se dá a constituição subjetiva sustentada por imagens, ou melhor, pelos microchoques de imagens em sua excessiva repetição? Novos padrões de socialização se sedimentam, no que se pode denominar de uma mutação subjetiva ligada às imagens.

Conforme a perspectiva da teoria crítica da sociedade, o TDAH cintila como um sintoma da "dispersão concentrada" promovido pela cultura atual. A educação, como parte essencial da civilização, tornou-se um desdobramento da sociedade *high tech,* cuja parafernália tecnológica se sobrepõe aos sujeitos, em uma progressiva alienação à lógica do mercado.

Nesse sentido, Türcke (2010a) afirma que toda a sociedade sofre de uma crescente inaptidão de atenção, sobretudo quando os indivíduos que dela participam se encontram imersos numa cultura de excitação. Nas crianças, ela se manifesta com força máxima, levando ao que o autor denomina de "dispersão concentrada", isto é, uma concentração invariável e forçada no contexto da dispersão.

As máquinas que produzem imagens sempre impactam os sentidos com um efeito abrupto. Cada edição de imagem é um pequeno golpe, um choque, que produz uma pequena dispersão no ponto mesmo em

---

[31] Pulsão (*Trieb*) é um dos conceitos fundantes em psicanálise que expressa a especificidade da visão freudiana sobre o sujeito humano. É um conceito limite entre o psíquico e o orgânico, constituindo-se no "representante representativo", no psíquico, das exigências somáticas do sujeito. Segundo Freud, é um impulso traduzido em desejo. O corte epistemológico freudiano transforma (no sentido de ultrapassar uma forma) o corpo biológico em corpo erógeno. Onde atuava o instinto (puramente biológico), surge a pulsão (no limite bio-psíquico). O instinto é sempre inscrito em um determinismo que antecede o indivíduo, é da espécie. A pulsão dialetiza sujeito e ambiente, constituição e experiência subjetiva. A necessidade, no humano, não existe simplesmente, ela tem sempre um resto, um "para além" que é da ordem do prazer (*Eros*). Esta seria a diferença fundamental entre instinto e pulsão. Desta maneira, Freud tem sua teoria calcada no conflito e no dualismo: a pulsão de vida (sexuais e do ego-autoconservação) e, posteriormente, insere a pulsão de morte a partir de suas pesquisas, pois ele verificou que alguns pacientes repetem situações desprazerosas, principalmente os sonhos nas neuroses traumáticas.

que ocorre a concentração. Porém, quando a atenção é constantemente interrompida por esses cortes, o resultado é o contrário. Se o tempo todo são emitidos novos estímulos de "Atenção!", "Entendido!", as pessoas se veem destituídas da capacidade de permanecer em algo (Türcke, 2010a).

> O choque de imagem exerce um poder fisiológico: o olho é atraído magneticamente pela sua mudança abrupta de luz e apenas se deixa desviar disso por uma grande força de vontade. O choque de imagem exerce uma função estética; constantemente ele promete novas imagens ainda não vistas. Ele exercita a onipresença do mercado; ou seu "olha pra cá" anuncia a próxima cena como um pregoeiro de feira a sua mercadoria. E desde que a tela pertence igualmente ao computador quanto ao telespectador, não somente preenche mais o tempo livre, mas penetra toda a vida do trabalho, então também o choque de imagem e a tarefa de trabalho coincidem. Os dados que na tela do computador bruscamente solicitam para mim, bruscamente também me solicitam para elaborá-los – ou contar com a demissão (Türcke, 2010a, p. 308).

As crianças vivenciam o modo de agir dos pais desde muito cedo e aprendem com eles a interromper, inúmeras vezes, seus afazeres para realizar outras atividades, enquanto a televisão continua ligada. Tal conduta revela a capacidade de nosso cérebro, em se adaptar e se preparar para receber novos estímulos a todo o momento, na qual consiste em sua argúcia e capacidade criadora.

> Sem a capacidade de permanecer num tema, não se pode conceber mais nenhuma ideia clara. Não vamos falar por enquanto de desempenhos científicos de ponta. Mesmo a imaginação, a capacidade de produzir imagens interiores, desaparece, porque somos ininterruptamente bombardeados com imagens exteriores. Isso afeta a capacidade da experiência duradoura. Nenhum ensejo para otimismo cultural, mas também não vamos ficar lamentando um desenvolvimento incontornável. A verdade é que desenvolvemos também estratégias contrárias (Türcke, 2010a, p. 310).

Türcke se fundamenta nas reflexões marxistas e freudianas com o propósito de entranhar-se na querela sobre as transformações que o sistema sensorial sofre com os choques de imagens, "as quais modificam as nossas bases neurais elementares" (Türcke, 2010b, p. 12), que formam a base de toda a cultura. Assim, novas formas de percepção e de expressão surgem a partir das imagens, e adquirem uma força imprevista. O processo de imaginação formado na criança passa a ter novas formas de organização, pois não se faz mais necessário imaginar frente às telas, que fornecem imagens prontas para serem consumidas. Dessa forma, a autoridade que inicialmente vinha da família e que passava ao professor é, nos dias de hoje, rapidamente substituída pela autoridade tecnológica. Assim, vemos o sistema educacional se adequar ao aluno já "educado" – ao menos até certo ponto – pelas mídias, e não o contrário. Suas forças estão minadas pelos aparelhos, pois quem reina hoje é a autoridade digital.

> E assim o desempenho de repetição maquinal da força de imaginação técnica trabalha para novamente decompor a força da imaginação humana, que outrora se formou por violentos choques e agora por choques em miniatura produzidos de modo maquinal. Choque contra choque, repetição contra repetição, força da imaginação contra força de imaginação: essa reorientação pôs em marcha um processo de dessedimentação global (Türcke, 2010a, p. 315).

Por tudo isso, o choque da imagem se tornou o foco de um regime de atenção global, que embota a percepção em função de uma contínua excitação e de um contínuo despertar. Logo, o que se vê nos programas televisivos é uma acirrada competição para inflacionar o índice de audiência, uma vez que, perante a menor queda de excitação o telespectador mudará de canal. Esse espectador representa o regime de atenção do choque imagético e dita o modelo a ser seguido para o alcance do sucesso. Destaca-se, aqui, que esse sucesso e êxito, em nada se assemelha ao progresso ou evolução. Pelo contrário, muitas vezes, como nesse caso, o êxito alcançado não promoveu nenhum progresso real, sendo este último apenas um destino incerto, cujas consequências ainda são desconhecidas.

Também Melman (2008), na esteira de Freud, afirma que todo progresso é sempre pago de uma forma ou de outra. E que tais formas possuem um custo pelo qual se paga o preço de uma nova economia psíquica, por meio da adoção de uma nova moral ou de novos modos de pensar, agir, julgar, comer, exercer a liberdade, entre outras. Tratar-se, segundo o autor, de uma economia movida e organizada pelo gozo. Assim, instaura-se um novo regime de socialização. Não se trata, contudo, de um diagnóstico do sujeito individual; entretanto, a partir desse novo sujeito, movido por imagens e pela necessidade de gozar, pode-se construir uma análise dessas novas formas de subjetivação a partir do social e da cultura. Trata-se, na visão desse autor, de uma cultura que promoveria a perversão generalizada como norma.

Nesse sentido, criticar o TDAH também é realizar uma crítica da cultura atual, em que comportamentos são avaliados como sintomas manifestos em se tratando de crianças que "obedecem" a uma lógica da qual não conseguem escapar, a saber, dos testes que apontam uma doença e um tratamento. O gozo é o regime da sociedade neoliberal, em que a distração concentrada é resultante do poder das imagens.

> A um progresso considerável, mas, ao mesmo tempo, como frequentemente ocorre, portador, sem dúvida, de pesadas ameaças. O progresso considerável é ter efetivamente percebido o fato de que o céu está vazio, tanto de Deus quanto de ideologias, de promessas, de referências, de prescrições, e que os indivíduos têm que se determinar por eles mesmos, singular e coletivamente (Melman, 2008, p. 16).

Cabe mencionar ainda que a falsa impressão de que o progresso tecnológico representa condição para elevar o padrão de vida material e social converte-se, muitas vezes, em regressão. Pois a vida é cada vez mais prejudicada pela "enxurrada de informações precisas e diversões assépticas que desperta e idiotiza as pessoas ao mesmo tempo" (Adorno; Horkheimer, 1985 p. 14).

3.2 A construção do sujeito na cultura *high tech*

Em seu livro *Filosofia do sonho*, Türcke (2010a) desenvolve o conceito de pulsão de morte a partir da compulsão à repetição, fundamentando-se nas leituras de Freud. Para ele, a origem do pensamento humano está no sonho, enquanto resíduo da "pré-história do pensamento". Türcke (2010a) propõe pensar o sonho, o pensamento e, consequentemente, a linguagem a partir da história, evitando uma abordagem metafísica.

O percurso construído do autor encontra-se no materialismo histórico e filogenético, sobre a compulsão à repetição e a construção da cultura, assinalando as implicações das TIC na sociedade atual. Nesse contexto, o sistema nervoso pede incansavelmente por estímulos imagéticos. Türcke, toma a princípio, a palavra "sensação" como sinônimo de "percepção". Entretanto, verifica que deslocamentos e condensações se fizeram necessários para que o significado se colocasse como aquilo que "imagneticamente atrai a percepção: o espetacular, o chamativo", demonstrando que "o deslocamento na palavra 'sensação' – da percepção totalmente comum para a percepção do incomum – seguiu esse padrão: do geral para o particular". Tal deslocamento semântico possibilitou que o autor afirmasse que as sensações se tornam "as marcas de orientação e as batidas do pulso da vida social como um todo" (Türcke, 2010b, p. 9).

Nesse sentido, o autor assinala que a sociedade da sensação é uma sociedade que procura a todo o momento por um alívio das tensões causadas pela "torrente" de sensações, propiciadas pelos estímulos que desde o paleolítico até os dias de hoje, interferem fisiologicamente em nosso aparelho sensório-perceptivo.

> A revolução da alta tecnologia deixa reconhecer sinais claros de uma volta em direção ao arcaico. Mas sua força propulsora é o choque audiovisual. Ele adquire a condição de um rodamoinho da história da humanidade. Seu "eis" profano, fugidio, milhões de vezes inflacionado, não é apenas o imã da atenção por excelência [...] e sim, como agora fica claro, ao mesmo tempo, a herança universal daquelas sensações primevas que antes apareciam como a epifania do sagrado. Mas na medida em que ele toma posse dessa herança, o choque audiovisual se torna sensação absoluta (Türcke, 2010b, p. 172).

O engano de ocasionar de volta no sujeito uma percepção subtraída e que se encontra atualmente dessensibilizada, isto é, entorpecida, é produzida pela intensificação dos choques imagéticos. É como se a realidade fosse apreendida de forma anestesiada, levando o sujeito a viver suas experiências de modo "distante", enquanto o sistema nervoso passa a reorganizar o modo da percepção. Essa nova organização, segundo Türcke, é reflexo de um "bombardeiro audiovisual" que promove o entorpecimento dos sentidos. É necessário cada vez mais doses de sons e imagens, em repetitivos choques que "não são mais percebidas senão por novas doses aumentadas de excitação" (Türcke, 2010a, p. 68). Assim, o sujeito deve permanecer constantemente na mira do tiroteio midiático.

> E isso da mesma forma como o organismo, que se adapta ao consumo de doses de nicotina, álcool e cocaína, também relaxa ao consumi-las. Por meio de tal relaxamento, pôde-se demonstrar o que se exigiu do sistema nervoso, que não suportaria mais, em estado desperto, uma quantidade menor de excitação e de tensão (Türcke, 2010b, p. 267).

Essa obrigação e alta pressão podem tornar-se uma coação generalizada da percepção, revelando a "distração concentrada". O imperativo categórico "ser é ser percebido" se transforma, ao mesmo tempo, em necessidade econômica e em lazer e entretenimento e a "vivência" junto à tela do computador, ou da televisão, torna possível a existência somente nesse sentido daquilo que deve ser percebido. Assim, a imagem transformou-se no ponto de identidade e de reciprocidade do trabalho e do tempo livre, num ponto de coesão social e de concentração global sem precedentes, fazendo isso de forma fugaz, difundida e difusa (Türcke, 2010b, p. 268).

Por isso, falar em voyeurismo em uma sociedade escópica já instaurada pelas tecnologias ficou tão contundente. Vive-se hoje no mundo das *selfies*, do *Facebook* que invadiu e fez da vida privada algo quase inexistente nos dias atuais, onde o que parece importante ao sujeito é aparecer e ser "curtido", a autoestima mostra-se ligada ao número de pessoas que visualizaram as páginas das redes sociais. A autopromoção virou sinônimo de autoconservação: "quem não chama a atenção constantemente para si, quem não causa uma sensação corre o risco de não ser percebido" (Türcke, 2010b, p. 42). Esse "ser é ser percebido" se tornou imperativo categórico da atual sociedade excitada. Essa necessidade de ser visto se tornou uma compulsão que adquire um caráter de condição existencial; ao mesmo tempo em que não participar das redes sociais é não possuir uma existência midiática, e, por conseguinte, não estar na sociedade de modo efetivo, como se a realidade impulsionada pelos aparatos tecnológicos garantisse uma identidade, mesmo que se apresente em tecno-imagens resolvidas em pixels.

Nesse sentido, a cultura da sociedade neoliberal se propaga pelo visual, mediada pelas TIC, que dão ao olhar cenas diversas – de cenas banais cotidianas às sensacionalistas e espetacularizadas. A escopofilia freudiana encontra, aqui, terreno fértil para essa atuação. Foucault (2013) já afirmava que a sociedade contemporânea é menos a dos espetáculos do que a da vigilância; mas, segundo o autor, sua sabedoria estaria em transformar o próprio espetáculo em observatório da vigilância. Assim, vigilância e espetáculo não se opõem. Pelo contrário, fazem parte de um mesmo solo da constituição da subjetividade, em que os sujeitos são ao mesmo tempo transformados em objetos de observação – de uma série de controles institucionais, ou não – e em observadores atentos do sistema de produção e consumo próprio à cultura *high-tech*.

A respeito da complexa trama – cultura visual, sociedade escópica e os aparatos tecnológicos –, pode-se dizer que o desenvolvimento das tecnologias permite a observação de tudo e de todos ao toque dos dedos, potencializando uma cultura narcisista em face de um regime escópico. Portanto, é inegável que o desenvolvimento dos novos meios tecnológicos prioriza o ver e o ser visto, como mencionado anteriormente. O monopólio visual global, por meio de interfaces em sua maioria táteis, como: controle remoto, mouse de computador, telas *touch screen*, teclados, entre outros, tornou-se uma extensão dos sentidos humanos, permitindo que a visão seja acessada e controlada por meio de leves toques. Há, então, uma convergência dos sentidos humanos e seus usos no âmbito das TIC, em que o audiovisual onipresente é acessado de maneira tátil, em qualquer lugar e a qualquer momento, fazendo assim da experiência algo que diz do sujeito. Pode-se citar, por exemplo, as recentes inovações tecnológicas, como os óculos *Google Glass* que prometem potencializar o olho conectado em rede e, assim, perpetuar a cultura da imagem.

Como observou Lastória (2015) em seu artigo *A teoria freudiana do trauma: apropriações para a crítica do desenvolvimento tecnológico*, a sociedade atual modificou o sentido de estar vivo pelo sentido de ser reconhecido pelo cânone da imagem, ou seja, não existir em imagem se tornou não ter uma identidade e não ser reconhecido socialmente. Trata-se de um status que promove a identidade do sujeito, sendo que, apenas diante dos aparatos tecnológicos a existência do sujeito pode acontecer. Como a história contemporânea ainda se escreve, surgem várias indagações sobre os efeitos desse estado de coisas na sociedade.

Na *Introdução ao Simpósio sobre as neuroses de guerra*, escrito em 1918, Freud fala de suas investigações analíticas, ampliando seu conhecimento sobre a origem psicogênica dos sintomas. Ele ressalta a importância dos impulsos inconscientes e a função de amparo que as patologias psíquicas proporcionam àqueles que nelas se refugiam[32]. O trauma, quer dizer, a repetição compulsiva dos sonhos (pesadelos) de guerra que acometia os soldados, levou Freud a postular em *A interpretação dos sonhos* (1900) que o sonho seria a realização de um desejo. Particularmente no capítulo VII, pode-se encontrar uma teoria geral do aparelho psíquico. Assim, o sonho

---

[32] O objetivo de Freud nessa época era discutir as neuroses de guerra como neuroses traumáticas. Pois, com a eclosão da I Guerra Mundial, Freud interrompeu parcialmente sua atividade clínica, devido às circunstâncias ameaçadoras. Durante esse período, Freud inicia a produção de importantes textos para a psicanálise, como *Além do princípio do prazer* (1920) e *Psicologia de grupo e a análise do eu* (1921).

constitui, segundo Freud, "uma realização (disfarçada) de um desejo (reprimido)". O sonho possui um conteúdo manifesto, que é a experiência consciente durante o sono, e ainda um conteúdo latente, considerado inconsciente, composto por três elementos: as impressões sensoriais noturnas (como a sensação de sede durante o sono), os restos diurnos (registros de acontecimentos recentes) e as pulsões do id (relacionadas a fantasias de natureza sexual ou agressiva). Em função de uma solução de compromisso entre o id e o ego – instância que exerce a repressão –, é permitida uma gratificação parcial das pulsões. Essa gratificação se dá por meio de uma fantasia visual (o conteúdo manifesto do sonho), resultante de um processo regressivo: o fluxo da energia psíquica, em vez de seguir em direção às vias motoras, retorna às vias sensoriais.

Ainda de acordo com Freud, o conteúdo manifesto dos sonhos é aparentemente incompreensível porque consiste numa versão distorcida do conteúdo latente. Essa distorção se dá, em primeiro lugar, porque no sono há uma profunda regressão do funcionamento do ego, que faz com que prevaleça o processo primário do pensamento. Esse processo é caracterizado pelo predomínio de imagens visuais (em detrimento da linguagem verbal); e pelos mecanismos de condensação (fusão de duas ou mais representações) e de deslocamento (substituição de uma representação por outra).

A partir das operações de condensação e deslocamento, Türcke identifica as raízes do processo que levou o animal humano ao seu estado atual. Para tanto, evita a definição de pulsão como "fronteira entre físico e psíquico" e, ao contrário, se prende, na questão da descarga de estímulos: um organismo busca descarregar tensões. O elemento central da pulsão é, por isso, a compulsão à repetição, que viabiliza – mediante condensação, deslocamento e inversão – que o hominídeo amenize o "susto da natureza", numa espécie de domesticação pela repetição suavizadora. Assim, em sequência, o "susto" é concentrado no sacrifício humano, para em seguida dirigir-se aos animais, e, finalmente, aos seres brutos. Com essas operações, gradualmente a dimensão de pensamento – que no início é coletiva e indissociável do individual – vai se "internalizando", formando o "espaço mental".

Assim, o autor define o surgimento do espírito e fareja no sonho, os processos primários do pensar, até mesmo a formação total da cultura, que se encontra cada vez mais ameaçada pelo bombardeio de sensações promovido peça mídia de massa. A análise do sonho de Türcke leva a fundo, até a vida impulsiva, derivando daí as duas forças fundamentais humanas – a força da imaginação e a linguagem – de tal modo que se abrem perspectivas completamente novas no limite entre a filosofia e a psicanálise. Como disse Türcke (2010a, p. 21) "Quem quiser compreender o que é pensar deve tentar entender o que é sonhar".

Parafraseando Lastória (2011) em seu texto: *O que há para além do princípio do prazer? A psicanálise revista sob o prisma da teoria crítica da sociedade*, o segundo passo realizado por Türcke é o de aliar aos "contramestres" do sonho (deslocamento e condensação) a suposição de que Freud teria tratado a "inversão" como um caso particular de deslocamento – em que uma palavra é substituída por uma imagem –, por não impetrar o âmago do processo cultural em que tais trocas deixam transparecer nada menos que o retorno à primitiva forma constitutiva da linguagem: o sonho enquanto aquele conjunto de imagens enfeitiçadas e pouco nítidas que encetam o psiquismo humano.

Hipótese que Türcke tomará como uma "cifra" para então desenvolver a sua própria tese. Entretanto, não se trata de modo algum de uma tese suplementar à *Interpretação dos Sonhos* de Freud. Munido de conhecimentos teológicos, filosóficos, filológicos, paleontológicos, neurofisiológicos e linguísticos, e, com aguda perspicácia, o autor elabora um refinado argumento filogenético: a pulsão de morte, cuja compulsão à repetição dos processos ininterruptos dos impulsos traumatizantes, não assiste à ocorrência de que ela impulsiona o organismo para a completa falta de estímulos e, por conseguinte, para a morte.

> No que segue, portanto, exponho uma suspeita geral: a condensação, o deslocamento e a área obscura[33] contém, juntos, muito mais do que apenas o segredo da formação do pensamento, da formação da cultura, da hominização. Até onde o segredo se revela permanece aberto. A perspectiva de se aproximar dele, no entanto, se sustenta apenas quando se põe a tese fundamental da *Interpretação dos Sonhos* no banco do ensaio: 'O sonho é uma realização do desejo' (TD 141) – e nada mais (Türcke, 2010a, p. 73).

Desse modo, a pulsão de morte, na qual mais tarde Freud iniciou a crer, não existe como tal de um ponto de vista materialista-histórico. O que se observa são "rituais de sacrifício", pois sacrificar é repetir. A vida,

---

[33] Trata-se aqui do status teórico atribuído por Freud ao conceito de inversão no tópico "A consideração à representabilidade" de sua obra *Interpretação dos Sonhos* publicada em 1900.

assim, não impulsiona para morte por si mesma. Sem dúvida, porém, aflição de vida conduz a fenômenos, que, em seu surgimento, estão inspirados da pulsão de novamente desaparecer o quanto antes possível. Também esse é o caso da palavra (Türcke, 2010a, p. 242).

Apoiando-se na teoria freudiana do trauma e ampliando alguns dos pontos principais contidos na *Dialética do Esclarecimento*, Türcke pôde então revelar como, em termos filogenéticos, a razão veio se estruturar sobre o assim chamado processo primário[34]; aquele processo responsável pela produção das nossas fabulações oníricas, o qual, nas palavras de Freud (1900), concluiria a "atividade primitiva do pensamento". Uma vez justaposto àquela massa de impressões ainda carentes de discernimento lógico, incertos e arrebatadores, o pensamento racional, impelido pela compulsão à repetição, desembocou, no decorrer de milênios, na chamada modernidade cultural (Lastória, 2015).

> Aquilo que máquinas desempenham, alega Türcke, elas realizam costumeiramente muito mais rapidamente, de modo mais exato e mais permanente do que os homens, no entanto, nunca sem que os homens com elas se ocupem. E isso significa: todas as repetições que homens repassam para as máquinas retroagem sobre eles (Türcke, 2010b, p. 304).

Assim, Türcke conceitua a origem da humanidade na repetição. O autor utiliza de um trocadilho para dizer que os seres humanos são reincidentes e que, por serem reincidentes, são humanos. É por meio da repetição – repetir para apaziguar, para elaborar; para tornar suportável o inconcebível – que se criam costumes, hábitos, rituais de sacrifício para lidar com o mal-estar inerente à cultura e ao viver em sociedade. Esses elementos são, dessa maneira, a base de cada desenvolvimento livre e individual. Com isso, a repetição é fundamentalmente instituidora da cultura.

Desse modo, como apontou Lastória (2015), Türcke corrobora o ponto de convergência possível entre uma teoria fundamentalmente clínica e outra orientada para a crítica do processo social em curso. A princípio, o choque traumático primordial, que teria ensejado a compulsão à repetição como pulsão propriamente humana, deixou-se suavizar mediante uma longa escalada cultural, refugiando-se na fotografia e, atualmente,

---

[34] O processo primário é o modo de funcionamento do inconsciente (sistema). É caracterizado por um estado livre de energia passando de uma representação para outra e procurando a descarga de maneira mais rápida e direta possível, o que caracteriza o princípio do prazer. Para isso conta, como mencionado, com dois mecanismos básicos: **deslocamento e condensação**.

nas tecnologias. Estas, por sua vez, apontam para uma nova conformação cultural, em que a pulsão se dirige para a intensificação das experiências de choque, mediante o sintoma da adição.

Contudo, desde que existe o homem, existem instrumentos. Ao longo da modernidade, esses instrumentos foram elevados ao status de automatização, padronização e massificação. Nessa mesma esteira, a máquina de imagem assumiu os processos de percepção e de expressão, em que as imagens pareciam adquirir uma seiva inesperada. Como lembra Türcke (2010a), o efeito de choque se abranda de verdade apenas quando as telas passam a ser cenário de todos os dias, mas a intermitente "mudança de lugares e ângulos" não para de modo nenhum. Ela se tornou onipresente.

O choque da imagem se tornou, dessa maneira, o foco de um regime de atenção global, em que a criança da sociedade contemporânea é inserida no mundo *high-tech*. O TDAH encontra-se nesse espaço, em que a criança que possui o déficit de atenção é a criança da cultura atual. Assim, Türcke convoca todos a muitas respostas à altura dos difíceis desafios atuais e dimensiona: igreja, drogas e cinema como a verdadeira trindade da sociedade *high-tech*. Os fundamentalistas se apegam a ilusões assim como os drogados; para suportar um mundo regido pelo capital, restando à população viciar-se em vultosas doses de estímulos audiovisuais.

4
A PROCURA POR UM *LOCUS* DE RESISTÊNCIA

A sociedade contemporânea vivencia uma experiência que tenta tamponar as faltas, dando ênfase ao indivíduo, tal como já discutido. Nesse contexto, a propaganda e o consumismo são duas determinantes essenciais para balizar a intensa fetichização da experiência. Com múltiplas opções de vida supostamente disponíveis e as regras tradicionais de controle social e moral do comportamento já não servem mais, a sociedade então solicita à medicina um modo de tamponar o mal-estar que ela mesma provocou. Nesse processo, reifica-se assim a existência individual na sociedade contemporânea do biopoder. No entanto, essa reificação alcança nuances muito específicas, a ponto de condicionar a identidade de indivíduos e grupos. O sujeito assim se reconhece em sua disposição para consumir este ou aquele insumo da indústria cultural.

Obedecendo à lógica de reprodução de mercadorias, a indústria cultural torna-se um signo de integração social, à medida que se apresenta como força-motriz de uma sociedade cuja consolidação e reprodução da cultura priorizam a comercialização de seus produtos, de tal modo que as pessoas que os consomem têm a esperança de adquirir, imediata e pragmaticamente, os atributos e qualidades vinculados a tais produtos. Nesse contexto, o diagnóstico e a integração social da criança com TDAH ocorreriam somente segundo padrões estabelecidos, isto é, como um produto para o consumo das grandes massas, sendo o corpo também transformado em objeto, sofrendo as consequências desse consumo[35]. Consequentemente, as concepções de infância e de educação presentes na cultura, bem como as políticas públicas, acabam por marcar a vida da criança, tornando-a "vítima" de uma sociedade imagética que opera em escala de massa em uma incansável naturalização da vida e de uma educação medicalizada.

---

[35] O medicamento metilfenidato é o pioneiro e o principal a ser usado no tratamento do TDAH. Em 2008 mais de 1.147.000 caixas de Ritalina foram vendidas no Brasil, em um aumento de 1.616% desde o ano de 2000 (Moysés; Collares, 2010).

Nesse sentido, para se chegar ao diagnóstico do TDAH, os sintomas em geral devem ser: dificuldade para prestar atenção e passar muito tempo "sonhando acordada". Aparente desatenção ao ser chamada diretamente; distrair-se facilmente ao fazer tarefas ou ao brincar; esquecer as coisas; mover-se constantemente ou ser incapaz de permanecer sentada; falar excessivamente; demonstrar incapacidade de brincar calada; atuar e falar sem pensar; dificuldade para esperar sua vez; interromper a conversa de terceiros; demonstrar inquietação. Com isso, a designação de TDAH não é casual, pois surgiu após a construção de um medicamento, o metilfenidato, num período no qual as causas não eram claramente reconhecíveis. Além disso, pode-se considerar duvidoso constatar que se trata de uma doença, uma vez que se enfrenta uma sintomatologia que se propaga rapidamente – embora de modo não uniforme – por todos os estratos sociais, uma sintomatologia cujo símbolo é a fixação produzida pelas máquinas de imagem.

Os choques emitidos pela "metralhadora audiovisual" distraem sistematicamente a atenção, decompondo o aparelho sensório e as percepções humanas, àquilo que Türcke (2010b) chama de "distração concentrada" Esse fenômeno resulta em um regime dominado pelo espetacular e pelo sensacional. A partir da incorporação do choque na criança e da necessidade de excitação constante, cabe a pergunta: como fica a tarefa de ensinar, agora subjugado a esse nível de concentração, tensão e excitação que se vivencia frente às telas?

Por isso, para sentir-se pertencente à realidade, o sensório humano é altamente decomposto e transformado, com o propósito de que o sujeito permaneça constantemente na mira do tiroteio midiático. Pois, somente o que "atinge, toca e comove é aquilo que, enquanto injeção, agudiza o suficiente nosso sistema nervoso e, ainda que seja apenas por um instante, chama a atenção". E essa obrigação e alta pressão podem tornar-se uma coerção generalizada da percepção, revelando a "distração concentrada" como norma.

Assim, as relações entre saúde, educação, economia e as funções de saber/ poder psiquiátrico-terapêuticas, que conjugam medicamentos e normalização de condutas como resposta à problemática situação, fazem com que se repense as práticas que produzem esses sujeitos do "não-aprender". Sendo assim, como os alunos, inseridos nessa sociedade imagética da distração concentrada, poderiam sair ilesos de um sistema educacional que se apresenta como nocivo às crianças? A doença do "não-aprender" se mostra como uma saída, talvez a única possível, para essas crianças dentro da escola. Por isso, as crianças são diagnosticadas como tendo TDAH com tanta ligeireza e do mesmo modo são medicadas por não atingirem o ideal proposto por essa educação falida em seu princípio fundamental. Criadas sob um regime de atenção global ligado às imagens, ou seja, "filhos" da distração concentrada, essas crianças são, portanto, reiteradas vezes diagnosticadas como hiperativas e têm suas vidas medicalizadas para pertencer à escola.

Desse modo, o "não-aprender" de algumas crianças é uma chave disponível para interpretar o que está ocorrendo no ambiente doméstico, nas salas de aula, nos estabelecimentos de ensino e em certas situações sociais. Esses objetos de discurso adquiriram tamanha evidência que seu peso social e midiático se tornou um desafio profissional, identitário, econômico e político. A questão do "não-aprender" remete ao debate sobre o processo ensino-aprendizagem e, consequentemente, à problemática do trabalho docente. Remete também à fragilidade em que se encontra o sistema de saúde, que, a passos largos, tem servido mais aos interesses da indústria farmacêutica do que às necessidades das crianças.

A palavra "foco", nesse seguimento, é a palavra de ordem nas escolas. Para "vencer", se é possível, a distração concentrada que se coloca como um fenômeno da cultura *high-tech* e não como uma doença, a criança, segundo a indústria farmacêutica, precisa ser medicada. É como se o diagnóstico de TDAH trouxesse consigo a solução em forma de comprimidos, denominados drogas da obediência. De acordo com uma ala da psiquiatria, essa ideia de "transtorno" parte de duas premissas. Uma é semântica. Ela suaviza a ideia de "doença mental", e passa a ser usada como uma espécie de identidade psíquica por meio de nomenclaturas como o TDAH. A outra ala dita que, por trás da desordem, existe uma ordem: nessa lógica, o estudante deve estudar e o trabalhador, trabalhar. Em nome dessa ordem, a vida é cada vez mais medicalizada, frequentemente sem consideração pelos impactos para as crianças e suas famílias. Os índices de tratamento à base de drogas psicoativas é assustador. Esse fenômeno poderia ser considerado, em termos médicos, como uma verdadeira epidemia, não fossem os dados de pesquisas frequentemente manipulados e os efeitos de tal medicalização na infância subestimados.

Segundo o Instituto Nacional de Saúde Mental dos EUA, 46% da população se enquadraria nos critérios de doenças estabelecidos pela Associação Americana de Psiquiatria. Tais diagnósticos criaram um mercado poderoso de medicamentos psicoativos – abrangendo tanto pacientes com crises agudas de ansiedade até crianças diagnosticada com grau leve de "hiperatividade". Essas crianças precisam manter o "foco" na sala de aula se quiserem ter alguma chance de permanecer na escola.

A pressão sobre elas e suas famílias se acirra em um mundo cada vez mais competitivo, no qual a indústria médico-farmacêutica forma consumidores fidelizados: a criança que hoje precisa de medicamento para se manter em alerta será, no futuro, o adulto dependente de medicamentos psicotrópicos. Essa pressão, como vimos, tem origem na sala de aula, passa pela sala da direção, chega aos pais como advertência e, desemboca na sala do psiquiatra, incumbido da missão de enquadrar o sujeito a uma vida sem desordem.

Como são construídas e delimitadas as categorias de transtornos mentais? Quais pressupostos fazem com que determinados comportamentos e/ou estados emocionais sejam considerados normais enquanto outros, não? Quem definiu que uma criança com foco na sala de aula é normal, enquanto outra desconcentrada é considerada anormal? Qual é, enfim, a "ordem" que a prática psiquiátrica visa garantir?

A ordem é a das altas cifras de lucros sorvidos pela indústria médico-farmacêutica. Essa mesma ordem está a serviço de um novo tipo de atenção em vigência na sociedade multimidiática. Pode-se pressupor que a questão ideológica que perpassa o atual discurso científico, em seus fundamentos teóricos, aparece sob a forma de destituição da importância da subjetividade; donde se pode inferir, também, os interesses por trás dessa anulação, os quais, certamente, advêm da manutenção de um determinado projeto político, econômico e social. Assim, o diagnóstico de TDAH tem sido uma das descrições médicas mais utilizadas para dar vazão ao mecanismo de patologização das dificuldades que comparecem na infância, em uma chave biologizante do desenvolvimento, da educação e do psiquismo humano; configurando-se, assim, como uma "doença" associada ao processo de ensino-aprendizagem. Nesse sentido, a proliferação de novos diagnósticos na psiquiatria infantil e juvenil deve ser alvo de investigação crítica, a partir de suas origens nos séculos XIX e XX. Por isso, se faz necessário evitar que categorias diagnósticas sejam tomadas como resultado natural do avanço do saber médico. Lançar mão do conhecimento oriundo da área das ciências humanas e da saúde para assinalar os fatores sociais, científicos, ideológicos que amparam esses acontecimentos, além de ponderar seu impacto nas políticas públicas, na escola e na família constitui o esforço atual. É preciso pensar sobre o processo de patologização e medicalização da vida, bem como sobre como as políticas públicas promovem a homogeneização desse processo. É imprescindível considerar os aspectos éticos e bioéticos para a realização da despatologização da vida. Não se deve esquecer que as políticas públicas expressam os anseios de certos grupos, expressam a correlação de forças presentes na sociedade e anunciam, nesse momento histórico, como os acúmulos de forças se tornaram hegemônicas quando se fala em ideais, em normas de conduta que serão alcançadas por poucos. Afinal, as políticas públicas são construídas cotidianamente dentro de limites tensos, que promovem a expressão de conflitos, mas que se silenciam em grande medida perante as consequências da sociedade do biopoder.

Afinal, a educação utiliza-se de diagnósticos em saúde para organizar sua oferta de atendimento e, mais do que isso, para fazer permanecer a clássica divisão entre indivíduos escolarizáveis e não escolarizáveis, ou educáveis e não educáveis. Como exemplo mais radical dessa relação, a maneira como é apresentada a população-alvo da educação especial e, por decorrência, como é organizado o atendimento educacional especializado na política de educação especial na perspectiva da educação inclusiva. Assim, quando uma criança é diagnosticada com TDAH e medicada, ela passa a ser atendida por uma educação especial, garantindo-lhe direitos com um professor auxiliar, número reduzido de alunos por sala de aula, dentre outros benefícios.

Uma análise sobre as crianças atendidas pela educação especial se faz necessária e urgente, posto que muitas delas são vítimas do processo de patologização da vida na escola. Por outro lado, há aquelas que realmente necessitam dessa "ajuda" ofertada pela educação especial; e precisam dela para construir os conhecimentos necessários, como por exemplo, as crianças com deficiência visual, deficiência auditiva, deficiências múltiplas e também se pode citar, entre outras, as crianças com paralisia cerebral, que necessitam criar um sistema alternativo de linguagem. Portanto, todas as etiologias médicas descritas pelo DSM são suficientes para a organização do público-alvo da educação especial dos processos de medicalização, ou seja, da adesão à lógica médica, legitimando assim, o fenômeno da diferença que identifica a condição do sujeito como falta a ser.

Assim, a classificação da diferença como expressão do estado patológico do sujeito evidencia a conversão moral: um traço de personalidade, um aspecto do comportamento, um ritmo ou estilo pessoal, que, poderia ser visto como expressão da singularidade do sujeito, passa a ser interpretado como indício diagnóstico, colocando-o no campo do desvio e do atendimento especializado[36]. Contudo, esse seria um trabalho de grande extensão cujos objetivos, tempos e espaços, não permitiriam sua plena viabilização.

Nesse sentido, é o sistema educacional que vem adequando o aluno e também se adequando aos modos de trabalho exigidos pela sociedade contemporânea movida pelas TIC. Entretanto, essa constatação é somente a ponta do iceberg, em que se nota a necessidade de repensar o fazer pedagógico, ressignificando o papel e a identidade do professor, "devolvendo" a ele a autoridade perdida frente às tecnologias, além de repensar a precariedade com que se dá a formação docente nos tempos atuais, em especifico da possibilidade da graduação em pedagogia pelo Ensino a Distância (EaD).

Daí, a necessidade de ir além da denúncia e refletir criticamente sobre as práticas sociais e educacionais que estão se tornando altamente perniciosas às crianças. Práticas nas quais se observa a patologização da infância em escala de massa.

> Quando, com toda justiça, consideramos falho o presente estado de nossa civilização, por atender de forma tão inadequada às nossas exigências de um plano de vida que nos torne felizes, e por permitir a existência de tanto sofrimento, que provavelmente poderia ser evitado; quando, com crítica impiedosa, tentamos por à mostra as raízes de sua imperfeição, estamos indubitavelmente exercendo um direito justo, e não nos mostrando inimigos da civilização. Podemos esperar efetuar, gradativamente e nossa civilização alterações tais, que satisfaçam melhor nossas necessidades e escapem às nossas criticas (Freud, 1996a, p. 120).

Afinal, toda questão da socialização desemboca, ao menos enquanto tendência, em uma perversão generalizada como fruto de uma sociedade narcísica, na qual se encontra um cenário social que reflete a natureza da acumulação do capital, em que a realidade se faz em constante mutação da

---

[36] O Projeto de Lei nº 7081, de 2010 visa regulamentar o direito de a criança com TDAH ser diagnosticada precocemente e, assim, garantir que ela receba apoio da área da saúde e da educação. A proposta, ainda em tramitação na Câmara dos Deputados, passou pela Comissão de Finanças e Tributação e falta passar pela Comissão de Justiça, para então ser sancionado. Disponível em: http://blogs.oglobo.globo.com/todos-pela-educacao/post/quais-sao-leis-e-direitos-das-criancas-diagnosticadas-com-deficit-de-atencao-e-hiperatividade. Acesso em: 2 jun. 2016.

subjetividade, em novas configurações do mundo. Dessa maneira, pode-se ver "movimentos" se estruturando com o intuito de fazer resistência às práticas patologizantes; contra a medicalização da infância, bem como, a promoção de discussões via congressos, entre outros, que possam contribuir com a criação de políticas públicas voltadas ao desenvolvimento da sociedade em todos os seus aspectos. A maioria aponta o crescimento de novas patologias, em especial o TDAH, ligadas à infância e sua estreita ligação com a indústria médico-farmacêutica.

O Movimento Despatologiza: Movimento pela Despatologização da vida foi instituído por pessoas que atuam na área da promoção da saúde, da assistência, da política entre outras, com o propósito de enfrentar os processos de patologização da vida. Além dele, o Fórum sobre Medicalização da Educação e da Sociedade, foi criado como ação política a partir do I Seminário Internacional *A Educação Medicalizada: Dislexia, TDAH e outro suposto transtorno*, realizado em São Paulo, em novembro de 2010. Tem por escopo articular institutos, grupos e pessoas para o enfrentamento e a superação do fenômeno da medicalização da aprendizagem e do comportamento.

Tais movimentos promovem discussões permanentes e convidam os diversos municípios e estados de todo o país a refletirem sobre o processo de medicalização da vida, que transforma problemas de diferentes ordens em doenças, transtornos, distúrbios que escamoteiam as grandes questões políticas, sociais e culturais que estão por trás desse contexto. Um dos grandes feitos desses dois movimentos foi a criação do protocolo[37] para dispersão do metilfenidato; algumas cidades já aderiram ao movimento e ao protocolo e tem conseguido diminuir, significativamente, a dispersão do metilfenidato em muitas cidades.

Segundo o mapeamento do medicamento metilfenidato no Estado de São Paulo, realizado por eles, apresenta resultados parciais, como:

- Total de municípios do Estado de São Paulo que participaram da pesquisa: 645

---

[37] O protocolo de dispersão do metilfenidato aponta para as controvérsias, complexidades e ambivalências que envolvem o diagnóstico de TDAH e com isso busca questionar a medicalização da infância. Contudo, a existência de um protocolo acaba por legitimar, de algum modo, o transtorno. Nesse sentido, entendemos aqui, que a criação do protocolo pode ser considerada um modo de frear tal medicalização colocando regras e limites para que aconteça o diagnóstico, bem como, sua medicalização. Afinal, qualquer luta contra a indústria farmacêutica e sua onipotência em uma cultura submetida ao biopoder se faz de extrema importância.

- Quantidade de municípios que responderam: 287 = 44%
- Quantidade de municípios que compram medicamento: 173 = 60%

A partir disso, eles promovem junto às Secretarias de Saúde e Educação a construção de um Protocolo para dispensação do metilfenidato, que está em uso desde 2012 no estado de São Paulo. Assim, paralelo à medicação e anterior a ela deve ser realizado segundo o protocolo:

- Orientação familiar, escolar e acompanhamento terapêutico da criança ou adolescente; buscando maior responsabilização da equipe de saúde e da rede intersetorial;
- O uso máximo é de dois anos;
- Início somente a partir dos 8 anos;
- Com dois meses em uso, sem alteração das queixas, a medicação deixa de ser entregue;
- Para renovar a entrega da medicação, precisa trazer relatório da escola e dos terapeutas/médicos que acompanham; e
- São realizadas baterias de exames periódicas para entrega do medicamento.

Com isso, eles têm conseguido que o consumo, após implantação do programa, tivesse uma diminuição considerável em todo estado de São Paulo:

- 2012 - 65.880 caixas – implantação do Protocolo no 2º semestre
- 2013 - 48.500 caixas
- 2014 - 18.284 caixas
- 2015 (até abril) - 5.289 caixas

Antes da implantação do protocolo o número de comprimidos era exorbitante e não parava de crescer:

- 2005 - 43.380
- 2006 - 119.486

- 2007 - 253.348
- 2008 - 366.999
- 2009 - 471.395
- 2010 - 757.318
- 2011* - 1.263.166[38]

Assim, inspirados no protocolo para a abordagem das agitações e dispersões na infância e adolescência desenvolvidos em Campinas – ligados à Universidade de Campinas – UNICAMP –, a Secretaria Municipal de Saúde de São Paulo organizou um grupo de trabalho para estudar o emprego do metilfenidato, por intermédio de sua área técnica de assistência farmacêutica. A portaria 986/2014 foi instituída para regulamentar as novas normas de utilização dessa medicação. A nova regulação nasce da valorização da prática clínica, do trabalho transdisciplinar e da necessidade do projeto terapêutico singular, dispositivos disseminados pela PNH – Política Nacional de Humanização. Mudar o modelo de cuidado pode ser o norteador da iniciativa; e com isso muitos municípios podem aderir à montagem de um protocolo para dispersão do metilfenidato. Tal iniciativa aparece como uma saída possível frente à medicalização da infância e perante o poder financeiro da indústria médico-farmacêutica.

Nota-se desse modo, que as prefeituras que aderiram ao protocolo estão preocupadas com a diminuição, devido ao excessivo consumo de metilfenidato. Contudo, o movimento caminha a passos lentos enquanto a indústria farmacêutica ganha cada vez mais campo, visto que só perde em lucros para a indústria bélica. Por isso, são movimentos que dependem, antes de tudo, da vontade política de cada cidade, de cada governo, de cada secretaria de saúde, de cada educador; posto que o protocolo se apresenta como um modo de resistência, mas está longe de ganhar a "guerra", publicitária e ideológica da venda do metilfenidato pelas empresas farmacêuticas.

Outra instância de grande importância é o Fórum Pensamento Estratégico (PENSES) – criado pela Universidade de Campinas (Unicamp) e diretamente vinculado ao gabinete do reitor. Esse fórum tem como

---

[38] Dados enviados pelo Despatologiza – Movimento pela Despatologização da Vida em 25/05/2015.

objetivo realizar debates, participação em audiências públicas, pesquisas, divulgação por meio das redes sociais, organização de seminários, bem como contribuir para formulação de políticas públicas que versam sobre os temas das lutas que estão em jogo; são de sua responsabilidade as publicações, entrevistas e a transmissão de conhecimentos em várias mídias que mostram como o diagnóstico e a medicalização é um dispositivo vasto, articulado e descontínuo.

Outro órgão que reaparece no cenário de forma instigante é a Rede Humaniza SUS, uma rede social com o intuito de implantar a humanização da gestão e do cuidado no SUS. Trata-se de uma arena aberta pela Política Nacional de Humanização, com objetivo de expandir o diálogo e criar uma rede de colaboração que permita o encontro, a troca, a afetação recíproca, o afeto, o conhecimento e o aprendizado por meio de uma escuta sensível e de acolhimento à singularidade humana.

Essa dinâmica requer um movimento ininterrupto de problematização ética, estética e política que opere com alianças e estratégias em um campo tenso e complexo da sociedade atual. Assim, a indústria médico-farmacêutica transforma problemas cotidianos em patologias, ela vende sintomas e com eles sua cura a partir de comprimidos mágicos. Não se trata de ignorar o sofrimento legítimo, nem a necessidade de muitas medicações e o bem que trouxeram, mas, de repensar o que hoje se impõe como imperativo para a felicidade, ou seja, medica-se para não sofrer, para não sentir, para não viver o mal-estar intrínseco ao sujeito e à sociedade.

4.1 Relações de interesse: a escola e as políticas públicas

O estudo sobre as políticas educacionais tem ganhado maior amplitude na última década. Isso ocorreu devido à história da educação ter redimensionado suas fontes de pesquisa para: convenções, leis, decretos, campanhas publicitárias, parâmetros curriculares, instrumentos gerenciais, planos nacionais e regionais que passaram a ser considerados fontes de estudo, além do próprio conceito de educação. Todos esses elementos vêm sofrendo revisões e reinterpretações sob novos enfoques e contribuindo para uma discussão mais cuidadosa sobre a educação na contemporaneidade.

Richard Sennet (1999), em sua obra *A corrosão do caráter: as consequências pessoais do trabalho no novo capitalismo*, expõe a flexibilização do capitalismo moderno que aparece como uma nova oferta de um ambiente melhor para o crescimento pessoal. Contudo, o que se nota são novas formas de opressão ao trabalhador. O autor apresenta uma série de reflexões acerca das novas condições de trabalho que se impõem, vinculadas ao atual modelo capitalista e à lógica neoliberal. Deve-se destacar que essa flexibilidade solicita aos trabalhadores serem mais produtivos, abertos a mudanças em curto prazo, que assumam riscos continuamente e que dependam cada vez menos de leis e procedimentos formais. Desse modo, o atual mundo do trabalho pede uma dedicação intensa, pois as bases do sucesso profissional não possuem mais a certeza da estabilidade, nem de alguma ascensão, que, por sua vez, quando não acontece é interpretada como um sinal de fracasso e de ausência de habilidade individual. Assim, a flexibilidade exigida dos trabalhadores, rompe com os modelos tradicionais de conduta.

Sennett adverte ainda a respeito de que uma grande diferença dos dias atuais é que, o risco passa a ser considerado como algo que deve ser enfrentado diariamente pelas massas. Correr riscos, abandonando experiências passadas, realizações e talentos pessoais e viver no limite. Para o autor, um dos perigos de se permanecer no contínuo estado de vulnerabilidade reside no fato de que a exposição ao risco corroer o caráter do trabalhador. Isto à medida que as coisas mudam diariamente, instalando uma situação de vale-tudo para garantir o mínimo de uma identidade possível em que o sujeito se reconheça.

> "Quem precisa de mim?" É uma questão de caráter que sofre o desafio radical do capitalismo moderno. O sistema irradia indiferença. Faz isso em termos de resultados do esforço humano, como nos mercados em que o vendedor leva tudo, onde há pouca relação entre risco e recompensa. Irradia indiferença na organização da falta de confiança, onde não há motivo para se ser necessário. É também na reengenharia das instituições, em que as pessoas são tratadas como descartáveis. Essas práticas óbvia e brutalmente reduzem o senso de que contamos como pessoa (Sennett, 1999, p. 174).

Pode-se recorrer ao conceito de semiformação, já discutido anteriormente, para melhor compreensão sobre esse estado de coisificação do sujeito. A semiformação *(Halbbildung)* faz parte do âmbito da reprodução da vida sob o monopólio da "cultura de massas". A alteração de "cultura de massas" para indústria cultural explica-se justamente pela preocupação de Adorno e Horkheimer com o essencial em sua perspectiva: apreender a tendência à determinação total da vida em todas as suas dimensões pela formação social capitalista, a subsunção real da sociedade ao capital (Marx, 1980). Cultura de massas parece indicar antes uma cultura solicitada pelas massas, como se fossem sujeitos supostos acríticos, fora do alcance da totalização. Já o termo indústria cultural ressalta o mecanismo pelo qual a sociedade como um todo seria construída sob a égide do capital. (Maar, 2000). A socialização da semiformação converteu assim a cultura, bem como a possibilidade da formação, em valor econômico, em bens culturais cujo sentido destacado, aparece dissociado da implantação do humano.

Desse modo, a semiformação é socializada por meio do espírito alienado que renunciou conscientemente à autodeterminação, prendendo-se de maneira obstinada aos elementos culturais aprovados, heterônomos, os quais orientam para a barbárie. O termo semiformação surge na *Dialética do Esclarecimento* citado em "Elementos do antissemitismo":

> Para ele (o homem semiformado) todas as palavras se convertem num sistema alucinatório, na tentativa de tomar posse pelo espírito de tudo aquilo que sua experiência não alcança, de dar arbitrariamente um sentido ao mundo que torna o homem sem sentido, mas ao mesmo tempo se transformam também na tentativa de difamar o espírito e a experiência de que está excluído, e de imputar-lhes a culpa, que, na verdade, é da sociedade que o exclui do espírito e da experiência. Uma semicultura (ou semiformação) que por oposição à simples incultura (ou ausência de formação) hipostasia o saber limitado como verdade, não pode mais suportar a ruptura entre o interior e o exterior, o destino individual e a lei social, a manifestação e a essência. Essa dor encerra, é claro, um elemento de verdade em comparação com a simples aceitação da realidade dada [...]. Contudo a semicultura, em seu modo, recorre estereotipadamente à fórmula que lhe convém melhor em cada caso, ora para justificar a desgraça, ora para profetizar a catástrofe disfarçada, às vezes, de regeneração. [...] Os sistemas obscuros realizam hoje o que o mito do diabo da religião oficial realizava na Idade Média: a atribuição arbitrária de um sentido à realidade exterior. [...] a real emancipação dos homens não ocorreu ao mesmo tempo que o esclarecimento do espírito [...] quanto mais a realidade social se afasta da consciência cultivada, tanto mais esta se via submetida a um processo de

reificação. A cultura converteu-se totalmente numa mercadoria. O pensamento perde o fôlego e limita-se à apreensão do fatual isolado [...] o pensamento reduzido ao saber é neutralizado e mobilizado para a simples qualificação nos mercados de trabalho específicos e para aumentar o valor mercantil das pessoas. Assim naufraga a auto-reflexão do espírito que se opõe à paranóia. Finalmente, sob as condições do capitalismo tardio, a semicultura converteu-se no espírito objetivo (Adorno; Horkheimer, 1985, p. 182-184).

Ali se encontram as primeiras referências à semiformação, ou "semicultura" em seu sentido formativo, em que se colocam as condições da reprodução da vida sob as relações de produção, características da sociedade de massas. Na parte *"A indústria cultural: o esclarecimento como mistificação das massas"*, a semiformação aparece então, como uma determinada forma social da subjetividade socialmente imposta por um determinado modo de produção em todos os planos da vida, seja na produção, seja fora dela. Como destaca Pucci, a formação acende um processo negativo mediante o qual o sujeito pode "ser autônomo sem deixar de se submeter; submeter-se sem perder a autonomia" (Pucci, 1997, p. 90). Esse duplo caráter, originalmente inerente ao processo formativo, foi reduzido à sua transformação em mero veículo de adaptação, conformação e acomodação ao existente.

Com isso, os processos de semiformação *(Halbbildung),* tal como definidos, nos remetem à determinação social da formação dos indivíduos na sociedade capitalista. Tais processos devem ser apreendidos considerando-se as consequências geradas pelo modo de reprodução material da sociedade, sobretudo a reificação que se configura como o processo pelo qual, na sociedade atual, o valor apresenta-se à consciência dos homens, principalmente como valor econômico, sob a forma de informação.

Portanto, o indivíduo semiformado não possui os subsídios necessários para perceber o tipo de controle desenvolvido pelo biopoder e, desse modo, sua submissão a esse controle se torna mais fácil. A não autonomia do ser dificulta o processo de reflexão necessário para a percepção do controle de vida, do corpo, exercido pelo biopoder. Diante dessa situação, a presença do biopoder passa despercebida pela maior parte dos indivíduos e, deste modo, a possibilidade de enfrentar essa questão se torna muito mais complexa. O biopoder, como dito antes, conduz a vida ao controle das tecnologias do poder. Segundo Foucault (1988), a presença do biopoder se torna uma questão política fundamental e, é necessário que haja um desenvolvimento de formas de luta contra esse poder. Porém, se observarmos esse aspecto sob a ótica de Adorno, a semiformação, seria um elemento fundamental para compreender a passividade do indivíduo diante dessa situação. O indivíduo semiformado não desenvolveu a autonomia do pensamento necessária para identificar com maior clareza a presença do biopoder, que passa despercebida. Diante dessa impossibilidade, fica difícil a manifestação de posições contrárias ao poder de controle exercido sobre a vida, pelo biopoder.

Nessa perspectiva, a Teoria Crítica da Sociedade evidencia o poder exercido sobre as massas, cuja contraface é o assujeitamento das pessoas envolvidas por um sistema alienante que medeia a sua relação com o mundo social. Hoje tal alienação passa pela biomedicalização da infância, ou seja, pelo biopoder. No contexto de uma cultura da *Halbbildung*, todo e qualquer discurso nela fundado tem uma finalidade intrínseca e, a qualquer custo, dissimulada: interferir na economia psíquica das pessoas, com o objetivo de desindividualizá-las ao máximo. E é justamente pelo fato de mobilizar elementos que dizem respeito à "economia psíquica das pessoas" que se torna possível empreender um estudo dessa natureza.

O espaço escolar torna-se, então, elemento fundamental para a investigação, pois é nesse campo que se concretizam as ações da política educacional, articulando de forma dialética as relações de poder e dominação que se estabelecem na sociedade e as significações e especificidades históricas daquela realidade. Azevedo (2004), afirma que a investigação da política educacional a partir dessa perspectiva supera a denúncia das grandes determinações e assume importância fundamental na compreensão das contradições que daí resultam. A importância encontra-se em partir das contradições materiais presentes no momento em que tal política é proposta para resgatar o movimento histórico pelo qual ela se configurou. Dessa forma, percebe-se ainda, que o desafio colocado à investigação das políticas educacionais, vai além da análise das concepções e propostas apresentadas em seus programas. Apreender suas contradições, requer também uma investigação sobre as relações concretas pelas quais são implementadas e ressignificadas em determinados contextos históricos.

É possível observar, assim, que se exige mais do que a ação de constatar as relações de fundo que implicam na configuração da política educacional, mas também entender de forma dialética o movimento histórico – global e local – pelo qual as propostas se reproduzem e/ou se modificam, levando o trabalhador a um constante assujeitamento frente às novas formas de existência, colocada em cultura de massa e pela sociedade de consumo. Nesse contexto, o diagnóstico e a integração social da criança com TDAH dar-se-ia somente pelo padrão alcançado, produzido para o consumo das grandes massas, sendo o corpo também transformado em objeto que sofre essas consequências. Por isso, o TDAH aparece como um sintoma social refletido no sujeito que age, consome e vive acorrentado a essa pletora de sentidos inoperantes ao sujeito.

Dessa maneira, o fracasso escolar apresenta-se como produto de uma escola despreparada para atender as diferenças no modo de aprender de seus alunos, cada vez mais inseridos em uma sociedade do agora, do gozo imediato e da utilização indiscernível das TIC. Assim, não se questiona sobre um distúrbio no processo ensino-aprendizagem, tampouco sobre a formação dos docentes que hoje se veem esmagados por uma prática pouco reflexiva e que prioriza a circulação de materiais em detrimento dos processos formativos. Sobre isso, Barreto (2010) descreve o cenário pedagógico como um fetiche tecnológico e de mercado. A autora comenta sobre a presença das TIC na formação docente, em que os educadores ficam subordinados ao que ela chama de produção do trabalho e do mercado. Ocorre então, uma desterritorialização da escola em que o ensino fica identificado aos materiais e ao uso deles nos ambientes de aprendizagem.

Todo este movimento das TIC na educação foi fortemente marcado e impulsionado por políticas públicas que, em busca de uma suposta democratização do ensino e de uma ampliação de professores atuantes na rede, ofertaram inúmeros cursos de capacitação e reciclagem. O objetivo era justificar esse novo contexto com o e intervir para que países menos desenvolvidos superassem a lacuna que os separam dos cientificamente avançados. Surge aí, como elemento central do ensino a educação a distância (EaD). É inquestionável o peso das TIC no processo que denominamos de semiformação que, além de esmagar a subjetividade humana, hegemoniza a educação, pois quem educa os professores são os materiais utilizados pelas TIC. É nesse sentido, que a formação docente por meio da EaD vem democratizando o ensino. O que se observa é a falência da educação que já não reflete sobre a sua prática ao ser envolvida pela lógica do mercado.

Como visto, a relação estabelecida entre a criança com TDAH e o universo escolar é amparada pela própria descrição do transtorno e do tratamento, ofertado especialmente no período escolar; o que faz necessário uma busca pela compreensão do que acontece com essas crianças e/ou com essa geração que diagnosticadas, ou não, medicadas, ou não, estão acorrentadas por um sistema educacional que, além de não acolher a subjetividade humana, atendem à demanda da sociedade capitalista, tornando a escola mais um locus privilegiado de subordinação aos ditames do mercado.

A associação direta entre as TIC e a EaD surge como uma modalidade prioritária no ensino dos cursos de Pedagogia, visando à certificação dos professores. Tal associação é bem parecida com aquela que se pode fazer entre o déficit de atenção e a hiperatividade, sugerindo que um decorre do outro: o sujeito do ensino é identificado como aquele que possui o déficit de atenção por ser hiperativo, ou como hiperativo em razão de sua falta de atenção. Entretanto essas colagens só revelam o esvaziamento do trabalho e a formação docente que agora passa a ser definido e reconfigurado pelas TIC. Sempre mais alunos para menos professores, os quais passam de detentores de conhecimento para tutores dos pacotes pedagógicos em moldes tecnológicos. Por meio deles o seu saber passa à veiculação dos materiais nos ambientes virtuais de aprendizagem, ficando o aluno à mercê da postura das matérias e didáticas empacotadas.

Desse modo, as crianças não escolarizáveis, mencionadas nos capítulos iniciais, vêm reafirmar o discurso das diferenças individuais. Coloca-se, então, um paradoxo: a escola instituída para educar cria o não educável, os chamados, atualmente pelo discurso da inclusão, de crianças especiais, ou melhor, crianças com necessidades educacionais especiais, à semelhança do que ocorre com as crianças diagnosticadas com TDAH. Isso fica evidente no número cada vez maior de crianças que fracassam; e também nas estratégias que a escola tem traçado para rever o caos instalado pelo discurso hegemônico de que todos são iguais e se alguém não se apresenta como igual é tido como diferente ou deficiente, ou seja, portador de alguma patologia de caráter biológico.

> Há, no entanto, outras forças. Para isso são indícios fracos, mas plenos de esperança, os projetos de efeito prolongado de organizações de assistência, críticos quanto à globalização; a duradoura insubordinação de professores contra a continuidade da distração concentrada na organização educacional; ou, iniciativas da sociedade civil para a coletiva detenção para recuperação mental por meio de visitas a exposições e de suscitar ressedimentação... Uma cultura,

> entretanto, que não suporta a "reposição retrospectiva", é uma cultura insuportável. Ela começa a delirar como alguém que não mais encontra o caminho de volta do estado de alerta para o sono e, com isso, também é abandonada pelo guardião do sonho: o sonho. Onde, porém, não há sonho, aí não há sossego, nenhuma consciência e nenhuma esperança (Türcke, 2010a, p. 321).

Compreende-se que os psicotrópicos podem desempenhar um papel importante no tratamento, desde que seu uso esteja associado a uma abordagem terapêutica mais ampla. No entanto, quando o medicamento é utilizado sem a perspectiva de ultrapassar o "invólucro formal do sintoma", seus efeitos podem se limitar ao controle superficial da condição. Conforme Godino (2009), o uso de medicamentos com a única finalidade de silenciar o sintoma, seu uso é inútil. O emprego das drogas legais como um fim em si mesmo só convém para reparar o sujeito à condição anterior que produziu o mal-estar, uma vez que suspende a emersão do inconsciente, e, consequentemente, do desejo. O sintoma anuncia um significado latente que tateia as vias do desejo, as quais não podem e não devem ser ignoradas.

Dessa forma, ele deve ser extravasado na medida em que carrega uma verdade subjetiva. Lembrando que "[...] o sintoma, da mesma forma que o sonho, é uma formação do inconsciente e, como tal, é a expressão do desejo funcionando como uma metáfora para o sujeito" (Quinet, 2009, p. 89).

> A psicanálise não se opõe à psiquiatria, mas sim a todo discurso que suprime a função do sujeito. Não existe clínica de-subjetivada. Eis a ética da diferença, que a psicanálise contrapõe à prática normativa da psiquiatria enquanto serva do capital (Quinet, 2009, p. 20).

4.2 Novos desafios: A "cura" pela repetição

Pensar a produção e o uso de fármacos e de psicofármacos no presente inquieta a todos os envolvidos e move uma escrita que interroga as práticas medicalizantes e medicamentosas da vida, em nome de experiências "empreendedoras", de desempenhos potencializados e anestesiados, e de disciplinas ordenadoras de corpos úteis e dóceis. As relações entre saúde, educação, economia e as funções de poder saber psiquiátrico-terapêuticas, que conjugam medicamentos e a normalização de condutas como respostas a problemáticas e situações complexas no plano da constituição da vida; faz necessário repensar as práticas que produzem alunos supostamente portadores das patologias do não-aprender e que são medicados por não atingirem o ideal proposto pela educação. Mas que, contudo, são crianças criadas por um regime de atenção global ligado às imagens e, por isso mesmo, "filhos" da distração concentrada.

O sofrimento é dessa forma, objetivado como psíquico e bioquímico, ao mesmo tempo, quando não apenas genético, comportamental, hormonal e de desnível de neurotransmissores. Assim, costumam ser individualizados e classificados como convergências sintomáticas.

Na perspectiva da modulação neuroquímica, a vida e os corpos, estão sendo amplamente farmacologizados, criando sujeitos que utilizam a medicalização como terapêutica articulada às técnicas de controle disciplinar. Foucault (1997) ressaltou que a biografia dos desviantes e dos chamados indivíduos de sucesso passou a ser usada para realização de um controle normalizador dos corpos; expediente em que qualquer afastamento de modelos idealizados como normais capitulou ao psicodiagnóstico médico e psicológico, produtores de "carimbos" de doença e medicalização da subversão política.

O tempo aparece como regulador manifestando-se de uma forma naturalizada, e sobrepondo-se ao sujeito como forma de submetê-lo a uma sociedade cada vez mais opressiva, na e a partir da qual, há um tempo específico considerado como normal para a realização de determinadas atividades; ou melhor, para o desenvolvimento de determinadas potencialidades, principalmente as escolares. Desse modo, quando há algum desvio desse padrão de normalidade, observa-se uma forte tendência à patologização dos sujeitos individuais envolvidos. Pois, a presente concepção de educação não se preocupa com o processo de humanização dos sujeitos, mas com o seu rápido "treinamento".

O que está em jogo então é uma nosopolítica, como nos indicou Foucault (1997). Expediente em concomitância com a política disciplinar das condutas administradas pelos saberes e poderes da norma. Nesse sentido, novos fármacos aparecem e mais pesquisas fortalecem a ideia de que os transtornos psíquicos são doenças com etiologia biológica, explicadas por alterações químicas, e, portanto, susceptíveis de serem tratadas quimicamente. Essa instrumentalização da educação pela indústria farmacêutica foi promovida sob a égide da psiquiatria, e, particularmente, pela popularização das últimas edições do DSM. Os postulados que compõem as três últimas versões, o DSM-IV e a sua versão precedente, o DSM-III, são considerados pouco teóricos e mais operacionais, o que denota o intuito claro de não despertar controvérsias, legitimando com plenitude o DSM-V.

Birman (1999) enfatiza que um novo cientificismo começou a ser delineado a partir da psiquiatria biológica e da neurobiologia. Esse conquistou, nas décadas de 1980 e 1990, um grande prestígio científico em função do impacto causado pelos resultados não só das pesquisas de novas drogas psicofarmacológicas, mas também das pesquisas acerca do metabolismo químico e do mapeamento cerebral. Nota-se que, na atualidade, se exige uma sedação indiscriminada da angústia humana, construída a partir dos psicofármacos. Abre-se, então, o leque para a sistematização do biopoder.

Em uma análise dos contextos europeu e norte-americano contemporâneos, Roudinesco (2000) destaca que, com a saída da era da subjetividade e a entrada nos tempos da individualidade, vivemos em uma sociedade marcada por uma estratificação social e econômica na qual a ênfase recai no indivíduo, o qual, por sua vez, vem da pobreza simbólica dos argumentos culturais, devido à perda dos ideais grupais. Ademais, vivencia-se uma proposta clara de uma política de evitação que desqualifica os debates, conflitos e controvérsias, restando pouco ao sujeito a não calar-se e sentir-se imobilizado e conformado. Por isso, proteger-se em choques midiáticos parece ser uma sedação aceitável sem pensar criticamente em suas consequências, principalmente quando se fala da infância.

Já o sistema educacional brasileiro não se mostra muito diferente da análise de Roudinesco. Ele se pauta no estímulo à vida privada e leva a uma questão que parece ter se consolidado na concepção de fracasso escolar. Ao pautar-se no indivíduo e não na forma constitutiva da sociedade, bem como na dinâmica e movimento da sociedade, o sistema educacional acabou por patologizar o processo de ensino-aprendizagem, como forma de dar uma resposta imediata e pragmática ao resultado da não-aprendizagem. Assim, patologias sem uma definição clara e objetiva, e, portanto, com critérios diagnósticos pouco conclusivos, como TDAH, entraram no léxico escolar como forma de biologização de um processo puramente social.

No âmbito do SUS, a medicalização é um tema que precisa ser enfrentado. O SUS tem em suas diretrizes o atendimento integral, em que o usuário deve ser reconhecido em todas as dimensões que o constituem como sujeito, com os diferentes determinantes que o afetam no seu processo saúde-doença. Traz um olhar multiprofissional às demandas do sujeito, remetendo ao atendimento integral e não mais ao modelo médico-sintoma. No entanto, muitos CAPSis, Centro de Atendimento Psicossocial Infantil, ficam lotados com demandas para acolhimento desses supostos transtornos da aprendizagem. Os serviços de saúde, ao invés de trabalharem em conjunto com os serviços de educação e de assistência, muitas vezes, encaminham os alunos que não se adequam aos modos de avaliação das escolas aos CAPSis, impedindo que crianças com problemas psiquiátricos graves possam ser atendidas. Mesmos estas crianças, tão estigmatizadas em suas diferenças, acabam tendo o seu território reduzido nestes CAPSis, a visão medicalizada impede que estas crianças circulem em seus territórios, entre os diferentes equipamentos, CECCOs, UBSs, dispositivos sociais, esportivos, culturais, até que ponto não estamos mantendo um modelo hospitalocêntrico de atendimento (Rede HumanizaSUS, 2015).[39]

Segundo a Rede HumanizaSUS, o Metilfenidato como já destacado anteriormente, é psicofármaco mais indicado para o tratamento de problemas de aprendizagem, como o TDAH. A droga aumentou suas vendas em 1200% em quatro anos na rede privada. O Metilfenidato também é vendido na rede pública, e no Estado de São Paulo, em levantamento realizado em 257 municípios, a dispensação saltou de 227.420 comprimidos em 2007 para 946.599 comprimidos em 2010, ou seja, um aumento de 417%. O que se descobriu é que a prescrição desse tipo de medicamento ocorre de forma indiscriminada em muitos serviços de atenção à saúde, e é por isso que em alguns municípios se faz urgente a implantação de protocolos para que a distribuição seja feita de forma apropriada e com o acompanhamento multiprofissional, garantindo a atenção integral do usuário.

Nesse sentido, pode-se dizer que o processo de patologização da educação movimenta-se de forma ascendente e desfruta, em larga medida,

---

[39] Disponível em: http://www.redehumanizasus.net/90507-a-medicalizacao-e-tema-de-saude-publica--medicar-sim-medicalizar-nao. Acesso em: 16 jun. 2015.

do consenso social dos sujeitos envolvidos no processo de ensino-aprendizagem – pais, professores, alunos, direção e coordenação escolar. Assim, os sujeitos/alunos de tal sistema reproduzem e consolidam, a partir de suas ações cotidianas, a concepção de educação fundamentada em um sistema falido em sua função de ensinar, e coloca-se como único e exclusivo objetivo educar o corpo, a linguagem, bem como o próprio ser para: construir, por um lado, o consenso social acerca da administração e organização da vida material; e, por outro, a rápida inserção dos sujeitos no mercado de trabalho, tanto no âmbito da produção quanto do consumo.

Assim, os fármacos se tornaram uma espécie de acoplamento e/ou alimento necessário ao campo de produção para uma vida calma, dócil, produtiva e padronizada, mostrando a necessidade urgente de um poder psiquiátrico-terapêutico, no qual a escrita requer uma análise forte o suficiente para cartografar as suas mais diversas ramificações. Com isso, a medicalização, além de definir, diagnosticar e tratar doenças vem penetrando a vida cotidiana, transformando todos em especialistas e médicos de si mesmos. Pois, o receio de viver sem ordem e sem o dispositivo normaliza-se e sustenta um mercado e uma economia política que se materializa na indústria farmacêutica, nos serviços em rede e nas promessas de felicidade e gozo imediato.

A medicalização pode ser vista como uma patologia da sociedade contemporânea e não como um mero sintoma. Esse processo de patologização da sociedade parece manifestar-se de forma bastante contundente no processo de ensino-aprendizagem, de tal forma a culminar em um processo de patologização da educação como um todo.

Dentro dos contornos de tal sistema educacional, não há o mínimo espaço para a formação de indivíduos voltados para a expansão e consolidação de uma esfera pública, que caminhe no sentido da constituição de uma comunidade ética, humanizada, e que tenha por intuito criar as condições necessárias para que todo e qualquer indivíduo objetive suas potencialidades e as exteriorize como forma de expressão das riquezas humanas historicamente acumuladas (Leontiev, 1978).

A complexidade da atividade humana desse modo torna necessário observar a diferenciação entre atividade e ação humana (Leontiev, 1978). Ora, toda e qualquer ação individual só possui significados racionais na medida em que se encontra inserida em um conjunto de atividades socialmente constituídas, ou seja, em um conjunto de relações sociais.

Enquanto a ação humana imediata, diz respeito à esfera individual; a atividade humana – mediatizada – caracteriza-se por ser o conjunto das ações. Todavia, não se caracteriza por ser a soma das ações individuais, mas a síntese de um conjunto de significados socialmente constituídos, de tal forma a intervir direta e intencionalmente na própria ação humana, que pode ser observada claramente quando se fala da presença onipotente das TIC em todos os âmbitos da vida, em especial da infância marcada pela cultura *high-tech*, sua medicalização e o fracasso escolar.

Nesse sentido, tem-se a criança com TDAH diagnosticada e medicalizada, resultante da hiperestimulação da sociedade *high tech*, isto é, as crianças estão desde cedo, passando por inúmeras transformações sem que se leve em conta os prejuízos que englobam todo esse contexto. Apesar do fenômeno da medicalização da aprendizagem, como forma de justificação biológica do fracasso escolar, manifestar-se de forma consistente no último quartel do século XX – pelo menos no Brasil –, o fenômeno social em questão conta com mais ou menos um século de tentativas de explicar o "não-aprender" a partir de transtornos e/ou distúrbios neurológicos. Assim, no desenrolar de um século de pesquisas acerca da tentativa de demonstração e justificação do fracasso escolar, pôde-se observar que se consolidaram duas vertentes no campo da patologização da aprendizagem, sejam elas, o TDAH e a Dislexia (Santos, 1975).

A questão primígena e que, portanto, merece destaque, é a de saber que tanto o déficit de atenção quanto hiperatividade, tidos como distúrbios neurológicos não são passíveis de comprovação e demonstração científica, portanto, o médico não é capaz de diagnosticar com precisão a existência ou não de tais transtornos. Todavia, medica como se o fizesse. Trata-se de um procedimento que caminha no sentido de aprofundamento de um tipo de sociabilidade cada vez mais patologizada, que necessita, cotidianamente, de psicotrópicos, nas suas diversas dimensões, para continuar funcionando. Entretanto, o que causa espanto é a tendência ascendente à medicalização das crianças, que inseridas em processos de transformações psicofísicas e psicossociais profundas veem-se, cada vez mais, submetidas a essa lógica de completude de tempos e ciclos específicos, como se estivessem em uma linha de montagem.

Não se deve esquecer do forte lobby das indústrias farmacêuticas, que inclusive aparecem no site da Associação Brasileira do Déficit de Atenção como patrocinadoras, fato destacado anteriormente. Independentemente da posição que se venha a adotar, torna-se importante pensar sobre o fato acima exposto. Ora, em que medida é aceitável e desejável, bem como necessário, que se estabeleça certo tipo de vínculo entre uma associação de caráter nacional e público, que agrega pesquisadores e profissionais da área da saúde – que tem por escopo, portanto, a saúde pública –, e uma empresa – no caso, a indústria farmacêutica –, que tem por intuito a ampliação da produção e do consumo de seu produto? Nesse caso, é possível conciliar interesse público e o privado?

No fundo, o que se apresenta é uma imagem sobre a liberdade que os sujeitos têm, porque essa se restringe a uma liberdade de consumo.

Quanto a isso, Türcke (2010b) ressalta sobre outras possibilidades, ainda que frágeis, mas cheias de esperança de uma nova reorganização do espaço educacional, por meio de visitas a exposições, apresentações, ensaios de leitura e pelo ensino de rituais em uma reconfiguração da lógica das sensações que teria, como ponto fundamental, a repetição.

Não há nada na cultura contemporânea que refute a visão de Türcke de que tal mudança se faz essencial. Afinal, o TDAH se tornou uma norma social, por efeito de mais de um século de cultura da imagem, imagem por sua vez mobilizada pela pressão concorrencial progressiva do capitalismo, que faz com que ela se submeta à exigência de captura do olhar do outro, apresentando-se como "traças que voam em torno da luz", sucessivos "golpes ópticos" que irradiam para o espectador um "alto lá", "preste atenção", "olhe para cá", aplicando nele "uma pequena nova injeção de atenção, uma descarga mínima de adrenalina". Esses estímulos permanentes e cada vez mais apelativos ao nosso aparelho sensório acabam fatigando a atenção, tornando-nos insensíveis para estímulos mais sutis, reduzindo nossa capacidade de concentração, promovendo e intensificando a distração concentrada; e, nos casos mais agudos, produzindo os sintomas do TDAH.

Com isso, pode-se pensar como tarefa fundamental dos educadores manter as crianças numa outra temporalidade, outro regime sensorial, que lhes possibilite a capacidade de retenção, e por meio dela as de concentração e representação. Essa é, segundo Türcke, "a mais urgente tarefa educacional de nossa época".

O autor diz em seu livro *Hyperaktiv! Kritik der Aufmerksamkeits defizit Kultur* (Hiperativo! Crítica do Déficit de Atenção Cultural), ainda não publicado no Brasil, que aprender a reter e ter tempo livre para isso é a base de toda formação. Educadores e professores que praticam com paciência e calma, ritmos e rituais comuns e, nesse percurso, passam o tempo comum com as crianças e se recusam a adaptar a aula a padrões de entretenimento da televisão, com contínua troca de método e também diminuem o uso de computadores ao mínimo necessário; e que ensaiam pequenas peças clássicas de teatro com as crianças, apresentam a elas um repertório de versos, rimas, provérbios, poemas, que são memorizados de forma ponderada e com significado.

Não se trata assim, de um retrocesso aos velhos paradigmas educacionais, mas do retorno a práticas nas quais o professor é o centro de todo o processo educativo, tendo como meta principal o desenvolvimento do intelecto, por meio da imposição da ordem como parte essencial para o sucesso educacional, na memorização dos conteúdos como forma de apropriação dos conhecimentos essenciais. A metodologia de ensino se baseia não mais nos slides shows, nem na exposição de filmes, ou em professores circenses, mas sim na exposição verbal por parte do professor e a rotina da aula como fator contingente. O objetivo principal é a resolução de exercícios e a memorização de conceitos e de fórmulas. Dessa forma, o professor inicialmente realiza com o aluno, em seguida elabora introdução ao conteúdo, interligando o mesmo com outros tópicos e, finalmente, faz-se a generalização e aplicação de exercícios com a repetição para sua memorização.

Assim, a cópia de textos e fórmulas, que foi há pouco um símbolo do autoritarismo da escola, diante da agitação geral se torna uma medida de concentração motora, afetiva e mental, de exame de consciência. Tornar as crianças capazes de esperar, de ficarem quietas, pode fazê-las imergir em alguma coisa, de modo a se esquecer de si mesmas, mas justamente tendo nisso um vislumbre do que seria preencher o tempo: essa é talvez a mais urgente missão educacional de nossos tempos.

> Por isso eu proponho uma nova disciplina escolar. Chamo provisoriamente de "estudo de ritual". Aos alunos iniciantes serviria, antes de tudo, como uma paciente e criteriosa prática de conduta. Além disso, daria a toda a rotina escolar um eixo ritual, quer dizer, toda a matéria de aula se condensaria em intervalos regulares de pequenos atos. É preciso ensaiar apresentações; ao ensaiar, aprende-se a repetir, aprende-se a se aprofundar em algo. Quem apresenta qualquer coisa aprende a apresentar a si mesmo: dar à sua conduta uma estrutura. O eixo ritual permearia toda a matéria da aula também em classes avançadas. No

> nível avançado, no entanto, as apresentações tenderiam mais à forma da palestra do que da apresentação teatral. Sobretudo, o estudo de ritual emergiria agora como uma disciplina própria, na verdade como a principal disciplina, que abrangeria todo o conteúdo de sociologia, ciências da religião e ética, revelando todas as estruturas sociais, os assuntos religiosos e os motivos éticos a partir de suas manifestações rituais, enfim, a partir daquelas práticas vivas, das quais artigos de fé, valores, constituições e instituições são somente coisas abstratas. Uma disciplina de escola que é amplamente mediada pelo ritual e, ao mesmo tempo, não negligencia sua penetração crítica, poderia ser a chave para solucionar conflitos religiosos e multiculturais; poderia superar a separação abstrata da esfera sacra e profana - até ateus conservam certos objetos no plano do sagrado - e poderia constituir uma das colunas de todo o ensino. Ao menos seria uma ótima aliada para a retenção sensata (Türcke, 2014).[40]

Nesse sentido, sabe-se pouco do que Türcke propõe, no sentido de como isso se tornaria uma prática pedagógica, até mesmo porque ele fala com o "olhar" de outra cultura. Contudo, isso não deve ser obstáculo para se repensar a educação e suas práticas. A urgência que se faz na transformação da escola se mostra no número assustador de queixas escolares; de encaminhamentos para saúde, como se ao aluno não aprendesse por uma deficiência somente dele e, portanto, biológica. Também não se pode esquecer de mencionar o alarmante número de epidemias presentes nos diagnósticos provenientes das queixas escolares, como o TDAH aqui discutido.

Afinal, se uma criança não pode aprender da maneira que se encontra o ensino, é preciso ensinar da maneira que elas aprendam e não do modo que se estabelece a educação. Muito menos se adequando às metas que lhe são colocadas e aos projetos que inundam a escola com obrigações esvaziadas de sentido; muito menos se contentando com o que o MEC vem estabelecendo para a educação, afinal qual conhecimento estaria sendo valorizado ao se ter como meta[41] – um computador por aluno, e,

---

[40] Informação oral: Türcke, C. A cultura do déficit de atenção. Piracicaba. Unimep, 2014. (Comunicação Oral ainda não publicada).

[41] A Emenda Constitucional nº 59/2009 (EC nº 59/2009) mudou a condição do Plano Nacional de Educação (PNE), que passou de uma disposição transitória da Lei de Diretrizes e Bases da Educação Nacional (Lei nº 9.394/1996) para uma exigência constitucional com periodicidade decenal, o que significa que planos plurianuais devem tomá-lo como referência. O plano também passou a ser considerado o articulador do Sistema

em todas as salas de aula, uma lousa digital. Aprofunda-se por essa via a fetichização da educação. O que dificulta ainda mais a tarefa de repensar a educação vislumbrando como ela escaparia da invasão descriteriosa das TIC como expressão de uma cultura digital movida pelas imagens capaz de esmagar a subjetividade humana reiterando o "gozar a qualquer preço".

Nacional de Educação, com previsão do percentual do Produto Interno Bruto (PIB) para o seu financiamento. Portanto, o PNE deve ser a base para a elaboração dos planos estaduais, distrital e municipais, que, ao serem aprovados em lei, devem prever recursos orçamentários para a sua execução. (Ministério da Educação/Secretaria de Articulação com os Sistemas de Ensino (MEC/SASE), 2014).

CONSIDERAÇÕES FINAIS

Atualmente, o Transtorno de Déficit de Atenção e Hiperatividade (TDAH) tem sido o objeto de estudo de inúmeras pesquisas e discussões, principalmente, sobre como se dá o diagnóstico e os critérios que balizam essa etiologia, bem como, a terapêutica medicamentosa que envolve essa temática. Ao longo do tempo muitos estudos têm sido orientados para encontrar uma causa biológica específica que explique o TDAH. Evidências inconclusivas de lesão ou disfunção neurofisiológica são pouco substanciais e continuam incertas, mas persistem no cenário médico e educacional.

O TDAH vem anunciar a condição humana que está inserida em uma totalidade mais ampla que forma a realidade relacional. Afinal, a criança que possui o TDAH é a criança da sociedade atual, ou seja, o TDAH está nas crianças assim como está no mundo com seu ritmo acelerado, retratando a desatenção humana e a inquietação ansiosa presentes na sociedade moderna. A maneira como os sujeitos tem se adaptado a essa nova realidade, movida pelos aparatos tecnológicos, pelos choques de imagens em sua excessiva repetição e pelos novos modos de existência, nos leva a pensa em novas formas de subjetivação.

Desse modo, o TDAH se mostra como uma das grandes questões contemporâneas e é a temática desse livro. Afinal, o número de crianças rotuladas com TDAH e que recebem o diagnóstico da doença do "não--aprender" e, por isso, são medicadas, aumentam a cada dia; o que torna urgente tal discussão.

Sob a tutela do biopoder, a história médica do TDAH como discutido aqui, foi conhecida orginalmente como o defeito no controle da moral, depois como encefalite letárgica, síndrome hipercinética, disfunção cerebral mínima, entre outras, na tentativa única de encontrar um substrato biológico que sustente o diagnóstico médico. Com isso, pode se observar como os problemas educacionais, em específicos das dificuldades de aprendizagem, tem se transformado em problemas biológicos e do aluno. Tal problemática recebe acolhimento nos Manuais de Diagnóstico de Transtornos Mentais (DSM) que realizam com maestria a descrição nosológica do suposto transtorno, totalmente marcado pelo modelo biomédico, isto é, um saber comprometido com o desenvolvimento de psicofármacos pela indústria farmacêutica e com a regulação de tais disfunções por meio de medicamentos. Contudo, o que se oculta é a relação entre ciência e política estabelecida pelos DSM's.

Essa função política da medicina foi explicitada no conceito de biopoder, cunhado por Foucault em meados nos anos 1970. O conceito incorpora a disciplina dos corpos, transformados em objetos passíveis de observação, vigilância e controle constante para os quais se constroem saberes e instrumentos específicos com a finalidade de regular a vida da população (biopolítica). Assim, o biopoder se torna uma ferramenta fundamental para a tecnologia que irá controlar as massas. Afinal, o que aparece como anormal, torna-se segundo o DSM, uma forma de regularidade, pois é o corpo que se torna doente.

Nesse sentido, o patológico é definido a partir de variações quantitativas do que se tem do "normal", normatizando biologicamente a vida (Canguilhem, 1995). É o poder disciplinar funcionando como uma rede que dita as normas dentro de todas as instituições e aparelhos de Estado. Esses instrumentos de poder, se fixam e se configuram em jogos de poder que nascem do dispositivo[42], ou seja, o dispositivo que se abre em forma de um grande aparato discursivo de poder que produz subjetivações. Por isso, o diagnóstico de TDAH é discutido aqui, como um dispositivo que condiciona e sustenta um saber sobre o sujeito a partir de um ideal de infância. A problemática que permeia essa relação de poder é a de que se a criança não se adapta às exigências da escola, ela pode sofrer de uma patologia neurológica a ser identificada, classificada e tratada. Esse discurso neuro/psico/pedagógico banaliza a existência, naturaliza o sofrimento e culpabiliza a criança por seus problemas (racionalização própria da economia neoliberal).

O que se observa é uma permeabilidade do discurso pedagógico à cientificidade médico-psicológica que parece cumprir com a função proposta pela LDB em desenvolver as competências necessárias, como ponto fundamental no desenvolvimento cognitivo das crianças. Por outro lado, esse recurso permite um discurso que, baseado na noção de déficit, explicaria os fracassos experimentados no interior das escolas, estando estes do lado da criança, que não seria capaz de desenvolver as famosas competências[43] em função de falhas presentes no organismo da criança.

---

[42] O conceito foucaultiano foi discutido anteriormente, nesse livro.
[43] Lembrando que todas as Diretrizes Curriculares Nacionais no Brasil, implantadas pós LDB lei número 9394/1996, apontam para um currículo orientado por competências. A proposta é mudar do projeto pedagógico tradicional, para o projeto pedagógico voltado para o desenvolvimento cognitivo das competências.

Com isso, todos os problemas que atravessam a educação se tornam de ordem biológica, ignorando a cultura midiática em que a criança está inserida. Dessa forma, a doença do "não-aprender" é uma dificuldade exclusivamente da criança, retirando qualquer responsabilidade da escola, do processo de formação docente e, das invasões das TIC em todos os âmbitos da vida pública e privada, que devem ser compreendidos como fenômenos de uma sociedade cuja lógica do fetiche das mercadorias se universaliza, por meio da tecnologia midiática.

Afinal, a compulsão generalizada pelo consumo de estímulos audiovisuais, cada vez mais agressivos, significa também o declínio do conceito de infância que massifica e subjuga a subjetividade da criança por meio dos ininterruptos choques visuais presentes na cultura atual, daí pode se dizer que a criança que possui o déficit é a criança da cultura atual, da cultura *high-tech*.

Os choques de imagens, ou microchoques emanados por uma cultura hiperinflacionada de imagens levaram a um regime de atenção global de excessiva duração, à sua própria disfunção (Türcke, 2010b). Como consequência disso, temos o diagnóstico do "não-aprender", o TDAH que é tão bem retificado e sucumbido pela terapêutica que lhe é dada. Assim, o diagnóstico e o medicamento metilfenidato, um psicoestimulante de grande risco, bem como a indústria farmacêutica, aqui está o ponto nodal que delineia todo esse quadro de forças em que se encontra a criança com TDAH e, portanto, a medicalização da infância no ambiente escolar. Não se trata de rejeitar todo e qualquer uso dos psicofármacos, pois é inquestionável que em alguns casos eles sejam necessários, mas na possibilidade de transformação da escola, em uma não sujeição ao discurso psiquiátrico, libertando a criança do infortúnio destino prescrito nos diagnósticos.

Por esse motivo, a definição do TDAH como um construto é polêmica, pois, implica o embate entre a existência e a inexistência do transtorno e sua medicalização. Lembrando que o TDAH existe como um rótulo, um estigma sob o qual comportamentos são socialmente classificados como patológicos e diferenciados daqueles considerados normais, e não como uma entidade independente de contextos sociais, culturais, históricos, econômicos e políticos. O que nos leva a perguntar: por que certos comportamentos infantis passam a ser considerados manifestações patológicas e sintomas de um transtorno mental e, por que isso acontece na escola? Quais são as implicações de se criar uma subjetividade hiperativa que na verdade trata-se de subjetividade ligada a imagens? O que subjaz ao

TDAH, qual é a complexidade das relações que o permeiam, em que tipo de sociedade ele se reproduz e que tipo de sociedade ele ajuda a construir?

Assim, mais importante do que questionar o TDAH é buscar na família e na escola caminhos ainda não trilhados e desestabilizar o futuro, isto é, permitir que surjam novas possibilidades de existência individual e coletiva que não sejam determinadas por uma sociedade regida pelo biopoder. É preciso olhar para escola e para a formação dispensada aos docentes dando a possibilidade da crítica e da autocrítica, bem como da autorreflexão com o intuito de compreender a força de jogos de poder que os atravessam.

Desse modo, o que se faz necessário é que a família e a escola façam alguma resistência a esse jogo de forças que mascaram a vida e a cultura atual por meio da sua medicalização. Contudo, essa resistência só pode advir da autorreflexão sobre a própria subjetividade evanescente que aflige a educação, já que as possibilidades de reverter essas condições objetivas seriam praticamente inexistentes no presente.

Por isso, ao abordar as características da educação, além da crítica a tais condições de produção da semicultura e da indústria cultural, Adorno (2009) argumenta pela existência de uma face subjetiva do trabalho pedagógico e as tendências à barbárie que podem se manifestar, como elementos privilegiados da crítica e, por conseguinte de resistência à realidade que se encontram. Deste modo, a escola, a formação docente e a racionalidade instrumental que a preside apenas alimentam a semiformação, cuja única saída para a sociedade e para a educação é se mostrar aberta à reflexão sobre si mesmo e, a capacidade de resistir a esses mecanismos de dominação próprios da sociedade da insatisfação administrada.

Afinal, só por meio dessa reflexão crítica sobre a atividade pedagógica, bem como, sobre a invasão das TIC no espaço familiar e educacional é que se pode evitar as injustiças e a severidade exercidas sobre as crianças e tornar transparente e honesta essa relação, evidenciando os jogos de poder que a compreendem, com vistas a elucidar uma atitude crítica e ética presente no ato educativo e com toda essa geração.

> A escola e a família são as duas instituições sociais suficientemente fortes e empenhadas em resistir ao declínio da infância. É importante que se controle o acesso da mídia pelas crianças, limitando seu tempo de exposição e moni-

torando cuidadosamente aquilo a que estão expostas, de modo a fornecer-lhes continuamente uma crítica corrente dos temas e valores do conteúdo da mídia. É inconcebível que as culturas esqueçam que precisam de infância (Postman, 1999, p. 112).

REFERÊNCIAS

ADORNO, T.; HORKHEIMER, M. **Dialética do esclarecimento**. Rio de Janeiro: Editora Zahar, 1985.

ADORNO, T.; HORKHEIMER, M. **Minima Moralia**. São Paulo: Ática, 1992.

ADORNO, T.; HORKHEIMER, M. **Teoria da cultura de massa**. Rio de Janeiro: Paz e Terra, 1982.

ADORNO, T. W. **A dialética negativa**. Rio de Janeiro: Editora Zahar, 2009.

ADORNO, T. W. A televisão e os padrões da cultura de massa. *In*: ROSENBERG, B.; WHITE, D. M. **Cultura de Massa**. São Paulo: Editora Cultrix, 1973. p. 546-652.

AGAMBEN, G. O que é um dispositivo. *In*: AGAMBEN, G. **O que é o contemporâneo? E outros ensaios**. Tradução de Vinícius Nicastro Honesko. Chapecó: Argos, 2009. p. 11-51.

AGÊNCIA NACIONAL DE VIGILÂNCIA SANITÁRIA. **Boletim de farmacoepidemiologia**, SNGPC, ano 2, n. 2, 2012.

AGUIAR, A. A. **A psiquiatria no divã**: entre as ciências da vida e a medicalização da existência. Rio de Janeiro: Editora Relume Dumará, 2004.

ANGELUCCI, C. B.; SOUZA, B. P. **Medicalização de crianças e adolescentes**: conflitos silenciados pela redução de questões sociais a doenças de indivíduos. São Paulo: Editora Casa do Psicólogo, 2010.

AQUINO, J. G. O Mal-Estar na Escola Contemporânea: erro e fracasso em questão. *In*: AQUINO, J. G. **Erro e fracasso na escola**: alternativas teóricas e práticas. São Paulo: Editora Summus, 1997. p. 91-109.

ARANOWITZ, R. A. **Making sense of illness**: science, society and disease. Cambridge: Cambridge University Press, 1998.

ARIÈS, P. **História social da família e da criança**. Rio de Janeiro: Editora Jorge Zahar, 1978.

ASSOCIAÇÃO BRASILEIRA DO DÉFICIT DE ATENÇÃO (ABDA). **Carta de esclarecimento à sociedade sobre o TDAH, seu diagnóstico e tratamento**. Brasília,

DF, 2012. Disponível em: http://portal.mec.gov.br/arquivos/pdf/ldb.pdf. Acesso em: 12 nov. 2013.

AZEVEDO, J. L. **A educação como política pública**. Campinas: Editora Autores Associados, 2004.

BAKKER, N. A. Harmless disease: children and neurasthenia in the Netherlands. *In*: POTER, R.; GIJSWIITHOSTRA, M. (ed.). **Cultures of neurasthenia**: from beard to the First World War. Amsterdam: Rodopi, 2001. p. 309-327.

BARRETO, R. G. A formação de professores a distância como estratégia de expansão do ensino superior. **Educação e Sociedade**, Campinas, v. 31, n. 113, p. 1299-1318, out./dez. 2010.

BARRETO, R. G. Formação de professores a distância: políticas e práticas. *In*: GATTI, Bernadete Angelina *et al*. (org.). **Por uma política nacional de formação de professores**. São Paulo: Unesp, 2010. p. 137-152.

BERCHERIE, P. A clínica psiquiátrica da criança: estudo histórico. *In*: CIRINO, O. **Psicanálise e psiquiatria com crianças:** desenvolvimento ou estrutura. Belo Horizonte: Autêntica, 2001. p. 127-144.

BIRMAN, J. **Mal-estar na atualidade**: a psicanálise e as novas formas de subjetivação. Rio de Janeiro: Editora Civilização Brasileira, 1999.

BLASHFIELD, R. K. Diagnostic models and systems. *In*: BELLACK, S; HERSEN, M. (ed.). **Comprehensive clinical psychology**. London: Pergamon, 1998. p. 57-80.

CALIMAN, I. **Dominando corpos, conduzindo ações**: genealogias do Biopoder em Foucault. Dissertação (Mestrado em Saúde Coletiva) — Instituto de Medicina Social, Universidade do Estado do Rio de Janeiro, Rio de Janeiro, 2002.

CANGUILHEM, G. **O normal e o patológico**. Rio de Janeiro: Editora Forense Universitária, 1995.

CANGUILHEM, G. **Convite à filosofia**. São Paulo: Editora Ática, 1995.

COLLARES, C. A. L.; MOYSÉS, M. A. A. **A transformação do espaço pedagógico em espaço clínico**. São Paulo: FDE, 1992. (Série Ideias, n. 23).

COLLARES, C. A. L.; MOYSÉS, M. A. A. (org.). **Dislexia e TDAH**: uma análise a partir da ciência médica. São Paulo: Editora Casa do Psicólogo, 2010.

DINIZ, M. **Os equívocos da infância medicalizada.** Colóquio – Comunicações Livres, ano 7, Col. LEPSI, IP/FE – USP, 2009.

DSM-IV - APA. **Manual diagnóstico e estatístico de transtornos mentais:** DSM-IV-TR. Porto Alegre: Editora Artes Médicas, 2002.

DUFOUR, D. R. **A arte de reduzir cabeças:** sobre a nova servidão na sociedade ultraliberal. Rio de Janeiro: Editora Companhia de Freud, 2005.

FAIRCLOUGH, N. **Discourse and social change.** Cambridge: Polity Press, 1992.

FLECK, I [1935]. **Genesis and development of a scientific fact.** Chicago: University of Chicago Press, 1979.

FOUCAULT, M. **Em defesa da sociedade.** São Paulo: Editora Martins Fontes, 1999.

FOUCAULT, M. **História da Sexualidade:** a vontade de saber. Rio de Janeiro: Editora Graal, 1988.

FOUCAULT, M. **Microfísica do poder.** Rio de Janeiro: Editora Graal, 1997.

FOUCAULT, M. **Vigiar e punir.** Petrópolis: Editora Vozes, 2013.

FRANCES, A. **Saving Normal:** an insider's revolt against out-of-control psychiatric diagnosis, DSM-V, Big Pharma, And The Medicalization Of Ordinary Life. Cambridge: Mariner Books, 2013.

FREITAG, B. **Escola, estado e sociedade.** São Paulo: Editora Moraes, 1986.

FREUD, S. [1905]. Três ensaios sobre a teoria da sexualidade. *In*: **Edição standard das obras completas de Sigmund Freud V, VII.** Rio de Janeiro: Editora Imago, 1996a.

FREUD, S. [1912/1913]. Totem e tabu. *In*: **Edição standard das obras completas de Sigmund Freud V, XIII.** Rio de Janeiro: Editora Imago, 1996b.

FREUD, S. [1914]. Introdução ao Narcisismo. *In*: **Edição standard das obras completas de Sigmund Freud V, XIX.** Rio de Janeiro: Editora Imago, 1996e.

FREUD, S. [1921]. Psicologia de grupos e a análise do eu. *In*: **Edição standard das obras completas de Sigmund Freud V, XVIII.** Rio de Janeiro: Editora Imago, 1996c.

FREUD, S. [1923a]. A organização genital infantil: uma interpolação na teoria da sexualidade. *In*: **Edição standard das obras completas de Sigmund Freud V, XIX**. Rio de Janeiro: Editora Imago, 1996d.

FREUD, S. [1923b]. O ego e o Id. *In*: **Edição standard das obras completas de Sigmund Freud V, XIX**. Rio de Janeiro: Editora Imago, 1996f.

FREUD, S. [1924]. A dissolução do complexo de Édipo. *In*: **Edição standard das obras completas de Sigmund Freud V, XIX**. Rio de Janeiro: Editora Imago, 1996g.

FREUD, S. [1927]. O futuro de uma ilusão. *In*: **Edição standard das obras completas de Sigmund Freud V, XXI**. Rio de Janeiro: Editora Imago, 1996h.

FREUD, S. [1929/1930]. O mal-estar na civilização. *In*: **Edição standard das obras completas de Sigmund Freud V, XXI**. Rio de Janeiro: Editora Imago, 1996i.

FUCHS, E. Nature and bildung: pedagogical naturalism. *In*: DASTON, L. **The nineteenth-century Germany**: the moral authority of nature. Chicago: University of Chicago Press, 2004. p. 155-181.

GHEROVICI, P. Mens prozac in corpore xanax: as hesitações da responsabilidade subjetiva nos EUA hoje. **Estilos da Clínica**: Revista sobre a Infância com Problemas, São Paulo, n. 3, p. 15-20, 1997.

GODINO, A. C. **O sujeito na psicanálise, de Freud a Lacan**: da questão do sujeito ao sujeito em questão. Rio de Janeiro: Jorge Zahar, 2009.

GOLDENBERG, R. **Política e Psicanálise**. Rio de Janeiro: Jorge Zahar, 2006.

GUARIDO, R. **A medicalização do sofrimento psíquico**: considerações sobre o discurso psiquiátrico e seus efeitos na educação. São Paulo: Editora Educação e Pesquisa, 2007. v. 33, n. 1.

JAPIASSÚ, H.; MARCONDES, D. **Dicionário Básico de Filosofia**. Rio de Janeiro: Editora Jorge Zahar, 1990.

JERUSALINSKY, A.; SILVIA, F. **O livro negro da psicopatologia moderna**. São Paulo: Editora Via Lettera, 2011.

KROKER, A. **The will to technology and the culture of nihilism**: Heidegger, Nietzsche and Marx. Toronto: University of Toronto Press, 2004.

KUPFER, M. C. M. **Educação para o futuro**: psicanálise e educação. São Paulo: Editora Escuta, 2001.

KUPFER, M. C. M. **Freud e a educação**: o mestre do impossível. São Paulo: Editora Scipione, 2005.

LACAN, J. **A querela dos diagnósticos.** Rio de Janeiro: Editora Jorge Zahar, 1989.

LACAN, J. **Escritos.** Rio de Janeiro: Editora Jorge Zahar, 1998.

LACAN, J. **O seminário**: livro 11. Os quatro conceitos fundamentais da psicanálise. Rio de Janeiro: Editora Jorge Zahar, 1985.

LASTÓRIA, L. A. C. N. O que há para além do princípio do prazer? A psicanálise revisitada pela teoria crítica da sociedade. **Cadernos de Psicanálise, Sociedade de Psicanálise da Cidade do Rio de Janeiro**, Rio de Janeiro: SPCRJ, v. 27, n. 30, 2011.

LASTÓRIA, L. A. C. N. O que há para além do princípio do prazer? A psicanálise revista sob o prisma da teoria crítica da sociedade. *In*: MAIA, A. F.; ZUIN, A. A. S.; LASTÓRIA, L. A. C. N. (org.). **Teoria Crítica da Cultura Digital**: a teoria freudiana do trauma: apropriações para a crítica do desenvolvimento tecnológico. São Paulo: Nankin, 2015. (Coleção Teoria Crítica, v. 2).

LEONTIEV, A. N. **O desenvolvimento do psiquismo.** Lisboa: Editora Livros Horizonte, 1978.

MAAR, W. L. A produção da "sociedade" pela indústria cultural. **Revista Olhar**, São Carlos, v. 3, p. 84-107, 2000.

MAGNO, M. **O pato lógico.** Rio de Janeiro: Editora A Outra, 1986.

MARX, K. **Teorias da mais-valia, história crítica do pensamento econômico.** Rio de Janeiro: Editora Civilização Brasileira, 1980.

MATZA, L.; PARAMORE, C.; PRASAD, M. A review of the economic burden of ADHD. **Cost Effectiveness and Resource Allocation**, v. 3, n. 5, p. 1-9. 2005.

MELMAN, C. **O homem sem gravidade.** Rio de Janeiro: Editora Companhia de Freud, 2008.

MOREIRA A. F.; CANDAU, V. M. **Multiculturalismo**: diferenças culturais e práticas pedagógicas. Rio de Janeiro: Editora Vozes, 2003.

MOYSÉS, M. A. A. A medicalização da educação infantil e no ensino fundamental e as políticas de formação docente: a medicalização do não-aprender-na-escola e a invenção da infância anormal. *In*: REUNIÃO ANUAL DA ANPED 31., 2008, Caxambu, MG. **Anais [...]**. Caxambu, MG: ANPED, 2008. p. 1-25.

MOYSÉS, M. A. A. A Ritalina e os riscos de um genocídio do futuro. **Portal da UNICAMP**, 2013. Disponível em: http://www.unicamp.br/unicamp/noticias/2013/08/05/ritalina-e-os-riscos-de-um-genocidio-do-futuro. Acesso em: 28 fev. 2015.

MOYSÉS, M. A. A.; COLLARES, C. A. A história não contada dos distúrbios de aprendizagem. **Cadernos CEDES**, Campinas, n. 28, p. 31-46, 2010.

NEDER, M. **Déspotas mirins** – O poder nas novas famílias. São Paulo: Editora Zagodoni, 2012.

NEFSKY, C. **A conceptual history of attention deficit and hyperactivity disorder**. 2004. Dissertação (Mestrado em Educação) — Memorial Studentship for the History of Medicine, Faculty of Medicine and Health Sciences, University of Ottawa, Ottawa, 2004.

PATTO, M. H. **A produção do fracasso escolar**. São Paulo: Editora T. A. Queiroz, 1993.

PELBART, P. P. **Da clausura do fora ao Fora da clausura**. São Paulo: Editora Brasiliense, 1989.

PORTER, R.; IJSWIJT-HOFSTRA, M. **Cultures of neurastenia from beard to the First World War**. Amsterdam; New York: Rodopi, 2001.

POSTEL, J; QUÉTEL, C. **Historia de la psiquiatría**. Trad. F. Gonzáles Aramburo. México: Fondo de Cultura Económic, 1993.

POSTMAN, N. **O desaparecimento da infância**. Rio de Janeiro: Editora Grafhia, 1999.

POTTS, W. A. The problem of the morally defective. **The Lancet**, v. 164, n. 4235, p. 1210-1211, 1904.

PUCCI, B. A escola e a semiformação mediada pelas novas tecnologias. **Experiência formativa e emancipação**. São Paulo: Nankin, 2009.

PUCCI, B. A teoria da semicultura e suas contribuições para a teoria crítica da educação. *In*: ZUIN, A. A. S.; RAMOSDEOLIVEIRA, N.; PUCCI, B. (org.). **A educação danificada**. Petrópolis: Vozes, 1996.

QUINET, A. **Psicose e laço social**: esquizofrenia, paranóia e melancolia. Rio de Janeiro: Editora Jorge Zahar, 2009.

RHEINBERGER, H. J. Beyond nature and culture: modes of reasoning in the age of molecular biology and medicine. *In*: LOCK, M.; YOUNG, A.; CAMBROSIO, A. (ed.). **Living and working with the new medical technologies**: intersections of inquiry. Cambridge: Cambridge University Press, 2000. p. 19-30.

ROHDE, L. A.; HALPERN, R. Transtorno de déficit de atenção/ hiperatividade: atualizado. Rio Grande do Sul, **Journal de Pediatria**, v. 80, n. 2, p. 61-70, 2004.

ROHDE, L. A.; KETZER C. R. Transtorno de déficit de atenção e hiperatividade. *In*: FICHTNER, N. (org.). **Transtornos mentais da infância e adolescência**. Porto Alegre: Editora Artmed, 1997. p. 232-243.

ROHDE, L. A. P.; BENCZIK, E. B. P. **Transtorno Déficit de Atenção** - O que é? Como ajudar? Porto Alegre: Artes Médicas, 1999.

ROSE, N. In search of certainty: Risk management in a biological age. **Journal of Public Mental Health**, v. 4, n. 3, p. 14-22, 2006.

ROUDINESCO, E. **Por que a psicanálise?** Rio de Janeiro: Editora Jorge Zahar, 2000.

SACKS, O. Postencephalitic syndromes. *In*: STERN, G. (ed.). **Parkinson's disease**. Baltimore: The John Hopkins University Press, 1990.

SAFATLE, V. **A paixão do negativo**: Lacan e a dialética. São Paulo: Editora Unesp, 2005.

SAFATLE, V. **Cinismo e falência da crítica**. São Paulo: Editora Boitempo Editorial, 2008.

SANTIAGO, A. L. B. **A inibição intelectual na Psicanálise**. Rio de Janeiro: Editora Jorge Zahar, 2005.

SANTOS, C. C. **Dislexia específica de evolução**. São Paulo: Editora Sarvier, 1975.

SAVIANI, D. **Educação**: do senso comum a consciência filosófica. São Paulo: Autores Associados, 2007.

SENNETT, R. **A corrosão do caráter**: consequências pessoais do trabalho no novo capitalismo. Rio de Janeiro: Editora Record, 1999.

SILVA, J. N. Sobre a re-codificação mercantil do sofrimento. *In*: BOLGUESE, M. S. **Depressão e Doença nervosa moderna**. São Paulo: Via Lettera: Fapesp, 2004. p. 9-14.

SILVA, L. F. Descontrole do tempo histórico e banalização da experiência. *In*: NOVAES, A. (org.). **Mutações**: ensaios sobre as novas configurações do mundo. São Paulo: Editora SESC, 2008. p. 159-162.

SILVA, M. L. Bioética e Educação: quando o fundamento da civilização encontra-se no estímulo ao vício. **Revista Aurora** - Edição Especial, Marília: Editora Unesp, v. 30, p. 37-54, 2012.

SMITH, R. Legal frameworks for psychiatry. *In*: BERRIOS, J; FREEMAN, D. (ed.). **150 years of British psychiatry, 1841-1991**. London: Gaskell, 1991. p. 131-151.

SOUZA, H. R. **Institucionalismo**: a perdição das instituições. São Paulo: Editora IMESC, 1984.

SROUFE, L. A. Infant-caregiver attachment and patterns of adaptation in preschool: The roots of maladaptation and competence. *In*: PERIMUTTER, M. (ed.). **Minnesota Symposia on Child Psychology**. Hillsdale: Lawrence Erlbaum, 1983. p. 44-81.

STILL, G. Some abnormal psychical conditions in children. **Journal of attention disorders**. Newbury Park, v. 10, n. 2, p. 126-136, nov. 2006.

TEDESCO, J. C. **O novo pacto educativo**: educação, competitividade e cidadania na sociedade moderna. **São Paulo: Editora Áti**ca, 2001.

TÜRCKE, C. **Filosofia do sonho**. Porto Alegre: Editora Injuí, 2010a.

TÜRCKE, C. **Sociedade excitada**: filosofia da sensação. Campinas: Editora da Unicamp, 2010b.

WEBER, J. F. Bildung e educação. **Educação e Realidade**, v. 2, n. 31, p. 117-134, jun./dez. 2006.

WOOD, E. M. Em defesa da história: o marxismo e a agenda pós-moderna. **Monthly Review**, v. 47, p. 3, 1995.